RAMON LLULL

LIBRO DEL AMIGO
Y DEL AMADO

AF273917

EDITORIAL maxtor

Diseño, maquetación e impresión:
Gráficas MAXTOR
Fray Luis de León, 20
47002 Valladolid
Tel.: 983 090 110
pedidos@maxtor.es
www.maxtor.es

I.S.B.N. : 978-84-1171-056-5

Depósito Legal : DL VA 282-2024

Ramon Llull

Ramon Llull (también conocido como Raimundo Lulio) nace en Mallorca, en 1232 y muere en aproximadamente en 1316 con 84 años, una vida extensa para la época.

Su familia perteneció a la nobleza catalana que acompañó en la conquista de la isla de Mallorca al rey Jaime I, quien le nombró paje de su servicio y persona.

Hijo único, heredero del patrimonio familiar, creció en medio de la opulencia de Mallorca. Caballero gentil, amado por los reyes, trovador de buena fama y estimado por las damas, fue uno de los hombres en quien más confió el monarca. Cuando éste llegó a poner casa a su hijo, el futuro Jaime II de Mallorca, le nombró servidor real del joven príncipe. Ramon Lull tenía veinticuatro años.

Se casó muy joven con doña Blanca Picany, con quien tuvo dos hijos: Domingo, continuador de su estirpe, y Magdalena, que casó en su día con el noble Pedro de Sentmenat.

Durante su matrimonio siguió siendo un hombre abierto a todas las pasiones mundanas, presumiendo de su posición y de sus riquezas, forjándose la leyenda por la que el cortesano Lull sería conocido por ser un mujeriego empedernido.

Confiesa que tuvo una serie de experiencias místicas por las cuales abandona su posición social y olvida los asuntos familiares, para dedicarse a un único objetivo: la conversión de los infieles a la verdadera fe cristiana. A este objetivo dedicará su vida y su obra.

Después de dedicarse durante nueve años al estudio de la lengua y las culturas latina y árabe, tiene una revelación: el *Ars* o *Arte Lulliana*, un sistema filosófico que le permitiría demostrar la verdad del cristianismo a los infieles.

Escribe varias variantes y simplificaciones de este sistema filosófico, el *Ars magna* (1276), la *Arte demostrativa* (1283), el *Ars inventiva* (1289) y el *Arte breve* (1308), entre otros.

Comprometido con su proyecto de conversión de infieles, paralelamente a su producción filosófica y literaria, dedica muchos esfuerzos a la fundación del monasterio de Miramar, situado en la isla de Mallorca y construido gracias a las donaciones del rey Jaime II, donde las principales actividades tenían que ser el aprendizaje de la lengua árabe y la formación misionera.

Descontento con el resultado de sus gestiones diplomáticas con diferentes papas y reyes, decide viajar él mismo a países de religión musulmana.

En uno de sus viajes a Chipre cae gravemente enfermo, y durante esta enfermedad fue envenenado por un clérigo y un esclavo que le servían. Pudo librarse angustiosamente de la muerte, contentándose con dejar a sus servidores, sin denunciar el caso ni causarles mal alguno. Convaleciente aún, se refugió en la ciudad de Famagosta, donde fue acogido por el maestre de los caballeros templarios, con cuyos cuidados logró recobrar la salud. Repuesto ya, viaja incansablemente por Armenia, volviendo luego a Chipre, Rodas y Malta, y regresando a Mallorca en 1302.

Desde el punto de vista literario se puede afirmar que Ramon Llull es el primer y uno de los principales contribuidores a la formación de la lengua catalana literaria, lo que supuso una gran innovación y es un ejemplo insólito de desarrollo de una lengua sin tradición literaria previa. Es el primer escritor europeo de obras filosóficas y cultas en lengua vulgar.

En cuanto a la narrativa, podemos destacar el *Libro de contemplación en Dios* (1271-1274), el *Libro del amigo y del amado* (1276-83), y *Blanquerna* (1283-85).

Su manual caballeresco, el *Libro de la orden de caballería* (1274-75), *El Libro de doctrina pueril* (1274-76) y *El Libro de las maravillas* (1287-89).

Viaja por el norte de África y Oriente Próximo, alternando sus viajes con estancias en Montpellier, Génova, Roma, Mallorca y París, donde dicta *Vida coetánea* (1311) a los monjes del monasterio donde se hospedaba, una biografía que pretende justificar su vida a los ojos del concilio general de la Iglesia.

Este hecho señala que Ramon Lull ha entendido que ya puede dar por cumplida su misión en el mundo. Por esto en mayo de 1313 se despide para siempre de Mallorca, embarcando hacia Mesina (Italia). En alta mar, comienza a escribir el *Liber compendiosae contemplationis*.

Llega a Mesina, y esperando viaje hacia África, escribe su último libro personalista, llamado *Ermita de Consolación*, y termina el comenzado *Liber compendiosae contemplationis*. Compone hasta veinticuatro opúsculos diversos en sólo diez meses (hasta agosto de 1314), entre Mesina y Mallorca.

El último viaje de Llull le condujo hasta Túnez para continuar misionando. En este trayecto escribió el *Liber de Deo et de mundo* y el *Liber de maiore fine intellectus amoris et honoris*, ambas obras fechadas en diciembre de 1315.

Se desconoce la fecha exacta de su muerte, aunque diversos estudios señalan su fallecimiento entre 1315 y 1316, cuando regresaba de un viaje desde Túnez hacia Mallorca. Sus restos descansan en la Basílica de San Francisco de Palma de Mallorca.

1

Le preguntó el amigo a su Amado si en él quedaba algo por amar. Y el Amado respondió que aquello por lo cual el amor del amigo podía multiplicarse era por amor.

2

Los caminos por los que el amigo busca a su Amado son largos y peligrosos, llenos de consideraciones, de suspiros y de llantos, e iluminados de amores.

3

Se reunieron muchos amigos para amar a un Amado que los colmaba a todos de amores; y cada uno de ellos tenía por joya y caudal a su Amado, de quien concebía agradables pensamientos, por los cuales sentía gozosas tristezas.

4

Lloraba el amigo y decía: «¿Cuándo llegará el tiempo en que cesarán en el mundo las tinieblas y los caminos del infierno, para que cesen las carreras infernales? ¿Y cuándo llegará la hora en que el agua, que acostumbra correr hacia abajo, tomará la inclinación y naturaleza de subir hacia arriba? ¿Y cuándo serán más los inocentes que los culpables? ¡Ah!, ¿cuándo se gloriará el amigo de morir por su Amado? ¡Y cuándo verá el Amado a su amigo enfermar por su Amor!».

5

Dijo el amigo al Amado: «Tú que llenas el sol de resplandor, llena mi corazón de amor». Respondió el Amado: «Sin plenitud de amor no habría llanto en los ojos ni tú habrías venido a este lugar para ver al que ama».

6

El Amado probó al amigo para ver si le amaba con perfección y le preguntó en qué consistía la diferencia que hay entre la presencia y la ausencia del Amado. Respondió el amigo: «En ignorancia y en olvido, en conocimiento y en recuerdo».

7

Preguntó el Amado al amigo: «¿Te acuerdas de cosa alguna con la que yo te haya recompensado por querer amarme?». «Sí —respondió el amigo —, porque no hago distinción alguna entre las angustias y los placeres que me proporcionas».

8

«Dime, amigo —preguntó el Amado—, ¿tendrás paciencia si te doblo tus dolencias?». «Sí —respondió el amigo—, con tal que me dobles mis amores».

9

Preguntó el Amado al amigo: «¿Ya sabes lo que es amor?». Respondió el amigo: «Si no supiese qué es amor, sabría lo que son las angustias, la tristeza y el dolor».

10

Preguntaron al amigo: «¿Por qué no respondes a tu Amado, que te llama?». Contestó el amigo: «Ya me expongo a padecer grandes peligros para llegar a Él, y ya le hablo deseando sus honras».

11

«Amigo insensato: ¿por qué maltratas tu cuerpo, gastas tu dinero y andas despreciado de las gentes?». Respondió el amigo: «Para honrar la gloria de mi Amado, el cual es desamado y deshonrado por más hombres que amado y honrado».

12

«Dime, loco de amor, ¿qué es más visible: el Amado en el amigo, o el amigo en el Amado?». Respondió el amigo, y dijo que el Amado es visto por amores, y el amigo por suspiros y llantos, por tristezas y dolores.

13

Buscaba el amigo a alguien que le contase a su Amado cómo él, por su amor, soportaba grandes angustias y moría. Y encontró a su Amado que estaba leyendo un libro en el cual estaban escritas todas las dolencias que el amor le daba a causa de su Amado y todas las satisfacciones que por el amor tenía.

14

La Reina del Cielo presentó su hijo al amigo para que le besase el pie y escribiese en su libro las virtudes de la Madre de su Amado.

15

«Di, pájaro que cantas, ¿te has puesto bajo el amparo de mi Amado para que te defienda del desamor y multiplique en ti el amor?». Respondió el pájaro: «¿Y quién me hace cantar, sino solamente el Señor de amor, para quien el desamor es una ofensa?».

16

Entre temor y esperanza se ha albergado el amor, y allí vive de pensamientos y muere de olvido cuando los cimientos están sobre los deleites y placeres de este mundo.

17

Entre los ojos y la memoria del amigo hubo un debate porque los ojos dijeron que es mejor ver al Amado que recordarlo y la memoria dijo que por el recuerdo suben las lágrimas a los ojos y el corazón se inflama de amor.

18

El amigo preguntó al entendimiento y a la voluntad cuál de los dos estaba más cerca de su Amado. Y corrieron los dos, y el entendimiento llegó mucho antes a su Amado que la voluntad.

19

Contienda hubo entre el amigo y el Amado; y lo vio otro amigo, el cual lloró muy largo tiempo, hasta que se hizo la paz entre el Amado y el amigo.

20

Los suspiros y los llantos acudieron al Tribunal del Amado y le preguntaron por quién de los dos se sentía más intensamente amado. El Amado sentenció que los suspiros están más cerca del amor y los llantos, de los ojos.

21

El amigo acudió a beber en la fuente en la que aquel que no ama se enamora al beber y, después de haber bebido, se le doblaron sus tristezas. Y acudió el Amado a beber en la misma fuente, para redoblar a su amigo sus amores, en los cuales le doblasen sus tristezas.

22

El amigo estuvo enfermo y estaba en éxtasis y exceso de pensamientos. El Amado le cuidaba; de mérito le alimentaba, le daba de beber amor, en la paciencia le recostaba, de humildad le vestía y con verdad le medicaba.

23

Le preguntaron al amigo en dónde estaba su Amado. Respondió diciendo: «Vedlo ahí, en una casa más noble que todas las demás noblezas creadas, y vedlo ahí en mis amores, en mis sufrimientos y en mis llantos».

24

Le preguntaron al amigo: «¿Adónde vas?». Y respondió: «Voy a mi Amado». «¿De dónde vienes?». «Vengo de mi Amado». «¿Cuándo regresarás?». «Permaneceré con mi Amado». «¿Cuánto tiempo permanecerás con tu Amado?». «Todo el tiempo en que estén en Él mis pensamientos».

25

Cantaban los pájaros al alba y el Amado, que es el alba, se despertó. Y los pájaros acabaron su canto, y el amigo murió en el alba por su Amado.

26

Cantaba el pájaro en el vergel del Amado. Vino el amigo y dijo al pájaro: «Si no nos entendemos con las palabras, entendámonos con el amor pues en tu canto se representa a mis ojos mi Amado».

27

Tuvo sueño el amigo, que había penado mucho en buscar a su Amado. Y temió olvidar a su Amado.

Y lloró para no dormirse y para que su Amado no estuviera ausente de su recuerdo.

28

Se encontraron el amigo y el Amado y dijo el Amado al amigo: «No hay necesidad de que me hables. Hazme señas con tus ojos, que son palabras a mi corazón, para que te dé lo que me pides».

29

Desobedeció el amigo a su Amado, y lloró el amigo. Y el Amado murió con el vestido de su amigo, para que el amigo recobrase lo que había perdido. Y le entregó un don mayor que el que había perdido.

30

El Amado enamoró al amigo y no le compadecía por sus fatigas, para que fuese más intensamente amado. Y en el mayor desfallecimiento encontró el amigo mayor gozo y recreo.

31

Dijo el amigo: «Los secretos de mi Amado me atormentan, cuando mis obras no los revelan, y porque mi boca los tiene secretos y no los revela a las gentes».

32

Las condiciones del amor son que el amigo sea sufrido, paciente, humilde, temeroso, solícito, confiado y que se arriesgue a grandes peligros para honrar a su Amado. Y las condiciones de su Amado son que sea verdadero, generoso, compasivo y justo para con su amigo.

33

Buscaba el amigo devoción en los montes y en los llanos para ver si su Amado era servido, y encontró que faltaba en todos aquellos lugares. Y por esto se puso a excavar en la tierra para ver si en el fondo encontraría la plenitud de la devoción, puesto que sobre la faz de la tierra no hay devoción.

34

«Dime, pájaro que cantas de amor, ¿por qué mi Amado me atormenta con amor si me ha tomado para que sea su servidor?». Respondió el pájaro: «Si por amor no soportases penas, ¿con qué amarías a tu Amado?».

35

Pensativo iba el amigo por los caminos del Amado, y resbaló y cayó entre espinas, las cuales le parecieron que eran flores y que su lecho era de amores.

36

Le preguntaron al amigo si cambiaría a su Amado por otro alguno. Y respondió diciendo: «¿Cuál otro es mejor ni más noble que el Soberano Bien, eterno e infinito en grandeza, poder, sabiduría, amor y perfección?».

37

Lloraba y cantaba el amigo cánticos de su Amado, y decía que más veloz y más viva cosa es el amor en el corazón del amante que el relámpago en el resplandor y el trueno en el oído; y que más viva cosa es el agua en los llantos que en las olas del mar. Y que el suspiro está más cerca del amor que la nieve de la blancura.

38

Le preguntaron al amigo que por qué su Amado era glorioso. Respondió: «Porque es gloria». Le preguntaron por qué era poderoso. «Porque es poder». «¿Y por qué es sabio?». «Porque es sabiduría». «¿Y por qué es amable?». «Porque es Amor».

39

Madrugó el amigo e iba buscando a su Amado. Y encontró gentes que iban por los caminos y les preguntó si habían visto a su Amado. Y le respondieron preguntándole: «¿En qué hora se ausentó tu Amado a los ojos de tu mente?». Respondió el amigo: «Desde que vi a mi Amado en mis pensamientos ya no estuvo ausente jamás de mis ojos corporales, porque todas las cosas visibles me representan a mi Amado».

40

Con ojos de pensamiento, de languidez, de suspiros y de llantos miraba el amigo a su Amado. Y con ojos de justicia, de gracia, de piedad, de misericordia y de liberalidad miraba el Amado a su amigo. Y un pájaro cantaba este placentero aspecto.

41

Las llaves de las puertas de amor son sobredoradas de consideraciones, deseos, suspiros y llantos. Y el cordón de ellas es de conciencia, contrición, devoción y satisfacción por obra. Y el portero es justicia, misericordia y piedad.

42

Llamaba el amigo a las puertas de su Amado con golpes de amor. Y el Amado oía los toques del amigo con humildad, piedad, paciencia y caridad. Divinidad y humanidad abrieron las puertas. Y el amigo entró a ver a su Amado.

43

Propio y común se encontraron, y entre sí se mezclaron para que hubiese benevolencia y amistad entre el amigo y el Amado.

44

Dos son los fuegos que calientan el amor del amigo: el uno es sostenido por deseos, placeres y meditaciones; el otro se compone de temor y desmayos, de lágrimas y de llantos.

45

Deseaba soledad el amigo y se fue a vivir solo para lograr la compañía de su Amado, sin el cual se hallaba solitario entre las gentes.

46

El amigo estaba, solo, a la sombra de un bello árbol y, al pasar varios hombres por aquel paraje, le preguntaron por qué estaba solo. Les respondió el amigo: «Estoy solo ahora que os he visto y oído; pues antes tenía la compañía de mi Amado».

47

Con señas de amor se hablaban el amigo y el Amado. Y con temor, pensamientos, lágrimas y llantos refería el amigo a su Amado las angustias de su corazón.

48

Dudó el amigo si su Amado le faltaría en sus mayores necesidades, y el Amado desenamoró al amigo; pero el amigo tuvo contrición y penitencia en su corazón y el Amado restituyó al corazón del amigo la esperanza y la caridad y a sus ojos lágrimas y llantos, para que volviese en el amigo el amor.

49

La misma proporción tiene la cercanía entre el amigo y el Amado que la distancia, pues igual que el agua y el vino se mezclan los amores del amigo y del Amado. Y, como claridad y resplandor, se encadenan sus amores. Y, como esencia y ser, se convienen y se aproximan.

21

50

Dijo el amigo a su Amado: «En Ti están mi salud y mi enfermedad; cuando más perfectamente me sanas, más crece mi languidez; y cuanto más me enfermas, más salud me das».

51

Suspiraba el amigo y decía: «¡Oh, y qué cosa es mi amor!». Respondió el Amado: «Tu amor es sello que imprime y sella amor cuando muestras a las gentes mi gloria».

52

Se veía el amigo apresado y atado, herido y a punto de morir por amor de su Amado. Y los que le torturaban le preguntaron: «¿Dónde está ahora tu Amado?». Les respondió el amigo: «Aquí está, en la multiplicación de mis amores y en la tolerancia que me da en mis tormentos».

53

Dijo el amigo a su Amado: «Yo jamás me excusé ni me aparté de amarte desde que te conocí, pues por Ti, en Ti y Contigo estuve dondequiera que me hallase». Respondió el Amado: «Ni yo, desde que tú me conociste y amaste, te he olvidado, ni jamás te engañé ni te he faltado».

54

Iba el amigo como un loco por cierta ciudad, cantando acerca de su Amado. Y las gentes le preguntaron si había perdido la razón. Respondió que su Amado le había robado la voluntad y que él le había entregado su entendimiento, por lo que solo le quedaba la memoria, con la que recordaba a su Amado.

55

Dijo el Amado: «Milagro es contra el amor del amigo que este se duerma y olvide a su Amado». Respondió el amigo: «Milagro es también, y contra el amor del Amado, que este no despierte al amigo, pues lo ha deseado».

56

El corazón del amigo se elevó a las alturas de su Amado para que en el abismo de este mundo no se le impidiera amar. Y cuando estuvo con su Amado, lo contempló con dulzura y placer. Pero el Amado le hizo bajar a este mundo para que lo contemplase con las tribulaciones y melancolías que da el amor.

57

Le preguntaron al amigo: «¿Cuáles son tus riquezas?». Respondió: «Las pobrezas que por mi Amado
padezco». «¿Y cuál es tu descanso?». «El desfallecimiento que por amor me da». «¿Y quién es tu
médico?». «La confianza que tengo en mi Amado».
«¿Y quién es tu maestro?». Respondió y dijo que
los significados que las criaturas dan de su Amado.

58

Cantaba una avecilla en una rama llena de hojas
y de flores, y el viento movía las hojas y esparcía el
olor de las flores. Preguntaba el amigo a la avecilla
qué significaban el movimiento de las hojas y el olor
de las flores. Respondió: «Las hojas, en su movimiento, significan obediencia, y el olor de las flores,
sufrimiento y tristezas».

59

Iba el amigo deseando a su Amado y encontróse
con dos amigos, quienes con amor y llanto se salu-
daron, se abrazaron y besaron. Se desmayó el amigo,
a causa de lo vivamente que le habían recordado los
dos amigos a su Amado.

60

Pensó el amigo en la muerte, y temióla, hasta que se acordó de su Amado, y en voz alta dijo a los que tenía presentes: «¡Oh, señores, amad mucho, para que no temáis la muerte, ni los peligros en honrar y servir a mi Amado».

61

Preguntaron al amigo dónde tuvieron el primer principio sus amores. Y respondió que en la nobleza de su Amado, y que de aquel principio se inclinó a amar a su Amado, a sí mismo y al prójimo; y a desamar el engaño y la falsedad.

62

«Di, loco de amor, si tu Amado te desamara, ¿qué harías?». Respondió y dijo que amaría para no morir, puesto que desamor es muerte y amor es vida.

63

Preguntaron al amigo qué es la perseverancia. Y respondió que era bienaventuranza y tribulación en el amigo que persevera en amar, honrar y servir a su Amado con fortaleza, paciencia y esperanza.

64

Dijo el amigo a su Amado que le diese la paga por el tiempo que le había servido. El Amado contó los pensamientos y los deseos y los llantos y los peligros y los sufrimientos que por su amor había padecido el amigo. Y a aquella cuenta el Amado añadió eterna bienaventuranza. Y se dio a sí mismo, en paga, a su amigo.

65

Le preguntaron al amigo qué era la bienaventuranza. Y respondió que era la desgracia soportada por amor.

66

Le preguntaron al amigo qué era la miseria. Y respondió el amigo que era cumplir en este mundo sus deseos, puesto que a deleites brevísimos se siguen perpetuos tormentos en el infierno.

67

«Di, loco, ¿qué es el dolor?». Respondió: «Memoria de los desacatos que se hacen a mi Amado, digno de toda honra».

68

Volvió el amigo a mirar un lugar en el que había visto a su Amado, y dijo: «¡Oh, lugar, que me haces presentes las bellas costumbres de mi Amado, dile que yo por su amor padezco sufrimientos y fatigas!». Respondió el lugar: «Cuando en mí estaba tu Amado, padecía por tu amor mayores sufrimientos y fatigas que todas las que puede dar a sus siervos el amor».

69

Decía el amigo a su Amado: «Tú eres todo, y por todo, y en todo y con todo. A Ti quiero entregarme todo para tenerte todo». Respondió el Amado: «No puedes tenerme si no eres mío todo». Dijo el amigo: «Tenme a mí todo y que yo te tenga a Ti todo». Respondió el Amado: «Si tú me tienes todo, ¿qué tendrán tu hijo, tu hermano y tu padre?». Dijo el amigo: «Tal todo eres Tú, que puedes abundar y ser todo de cada uno, que a Ti se te entregara».

70

Entró el amigo en un delicioso prado y vio a muchos jóvenes que perseguían una multitud de mariposas, y hollaban las flores, y cuanto más se esforzaban por cogerlas, tanto más alto volaban las mariposas, de lo que pensó el amigo que así son aquellos que, con curiosas sutilezas, piensan comprender a su Amado, quien abre las puertas a los simples y las cierra a los sutiles; y la fe muestra a aquel en sus secretos por la ventana del amor.

71

Extendió y dilató el amigo sus pensamientos en la grandeza y duración de su Amado y no halló en Él principio, ni medio, ni fin; y dijo el Amado: «Insensato, ¿qué es lo que mides?». Respondió el amigo: «Mido el mayor con el menor, el cumplimiento con la falta, la infinidad con la cuantidad y con el temporal la eternidad para que la humildad, la paciencia, la fe, la esperanza y la caridad sean más vivas en mi memoria».

72

Preguntaron al amigo qué hombres le parecían más enfermos. Respondió: «Los ciegos que oyen a los médicos del Amado y no los reciben para su propia curación; puesto que es suma felicidad ver a mi Amado y pena horrible el no poder verlo».

73

Los caminos de amor son largos y breves, porque el amor es claro, puro, limpio, verdadero, sutil, sencillo, fuerte, diligente, luminoso y abundante en nuevos pensamientos y en viejos recuerdos.

74

Preguntaron al amigo cuáles eran los frutos de amor. Y respondió que placeres, pensamientos, deseos, suspiros, ansias, trabajos, peligros, tormentos y dolencias, puesto que sin estos frutos no se deja tocar el amor de sus servidores.

75

Muchas gentes estaban en presencia del amigo, quien se quejaba de su Amado porque no aumentaba sus amores; y se quejaba del amor, porque le daba sufrimientos y dolores. Se excusó el Amado diciendo que los sufrimientos y dolores de que acusaba al amor eran multiplicación de amores.

76

«Di, loco, ¿por qué no hablas?, ¿y qué es lo que te tiene tan turbado y pensativo?». Respondió: «Pienso en las bellezas de mi Amado y en las semejanzas de las felicidades y de los dolores que traen y dan los amores».

77

«Di, loco, ¿qué fue primero, tu corazón o el amor?». Respondió y dijo que su corazón y el amor existieron al mismo tiempo, pues de no ser así, el corazón no hubiese sido creado para amar ni el amor hubiese sido creado para pensar.

78

Le preguntaron al loco de amor dónde comenzó primero su amor, si en los secretos de su Amado o si en revelarlos a las gentes. Respondió que el amor, siendo perfecto, no hace en esto diferencia porque con secreto tiene secreto el amigo los secretos de su Amado, y en secreto los revela, y en la misma revelación los tiene secretos.

79

Secreto de amor sin revelación, causa pena y sentimiento. Y revelar el amor causa temor y fervor. Y por esto el amigo en cualquier manera desfallece.

80

Llamó el amor a sus amantes y les dijo que le pidiesen los dones más deseables; y ellos pidieron al amor que los vistiese y adornase de sus facciones, para que fuesen al Amado más aceptos y agradables.

81

El amigo llamó a las gentes en alta voz y dijo que el amor les ordenaba amar mientras anduvieran y estando sentados, al velar y al dormir, al hablar y al callar, al comprar y al vender, al llorar y al reír, en el placer y en la melancolía, al ganar y al perder. Y que amasen en todas las cosas que hiciesen, pues así el amor se lo ordenaba.

82

«Di, loco, ¿cuándo llegó a ti el amor?». Respondió: «En aquel tiempo cuando me enriqueció y pobló mi corazón de pensamientos, deseos, suspiros y desfallecimientos y llenó mis ojos de lágrimas y llantos». «¿Qué te trajo amor?». «Bellas facciones, honores y valores de mi Amado». «¿En qué llegaron?». «En memoria y en entendimiento». «¿Con qué los recibiste?». «Con caridad y esperanza». «¿Con qué los guardas?». «Con justicia, prudencia, fortaleza y templanza».

83

Cantaba el Amado, diciendo que poco sabía el amigo de amor si se avergonzaba de alabar a su Amado, y temía honrarle en aquel lugar en donde es más deshonrado; y que poco sabe amar quien

31

se enoja ante los sufrimientos y quien desconfía de su Amado y quien no hace que concuerden amor y esperanza.

84

Envió el amigo sus cartas a su Amado, en las que le decía que si había otro amante que le ayudase a llevar y a sufrir los grandes afanes que padecía por su amor. Y el Amado respondió a su amigo que no había en él con qué le pudiese hacer injuria ni falta.

85

Le preguntaron al Amado por el amor de su amigo. Y respondió que el amor de su amigo es una mezcla de gozo y tribulación, de temor y confianza. Le preguntaron al amigo por el amor de su Amado. Respondió que el amor de su Amado es influencia de infinita bondad, eternidad, poder, sabiduría, caridad y perfección, la que insufla el Amado a su amigo.

86

«Di, loco de amor, ¿qué cosa es maravilla?». Respondió que amar más las cosas ausentes que las presentes y amar más las cosas visibles corruptibles que las invisibles e incorruptibles.

87

Buscando el amigo a su Amado, encontró a un hombre que moría sin amor. Y dijo: «¡Ah, qué daño tan grande es que los hombres, de cualquiera suerte que mueran, mueran sin amor!». Por esto dijo el amigo al moribundo: «Dime, hombre, ¿por qué mueres sin amor?». Respondió: «Porque sin amor vivía».

88

Preguntó el amigo a su Amado qué cosa era mayor: amor o amar. El Amado respondió y dijo que, en la criatura, amor es el árbol y amar es el fruto, y las angustias y las melancolías son las flores y las hojas; pero que, en Dios, amor y amar son una misma cosa, sin ningún trabajo ni pena.

89

Estaba el amigo lánguido y triste a causa de la sobreabundancia de pensamientos. Y le rogó a su Amado que le enviase un libro donde estuviesen escritas sus bellezas, para que le diese algún remedio. El Amado envió ese libro a su amigo, y las dolencias y melancolías del amigo se doblaron.

90

Enfermó de amor el amigo y entró a visitarle un médico, quien aumentó sus dolencias y sus pensamientos. Y en aquel momento el amigo quedó curado.

91

El amigo y el amor salieron a recrearse hablando del Amado, quien se les hizo presente. Lloró el amigo y quedó en éxtasis. Y el amor se anonadó en el desmayo del amigo. Hizo volver en sí el Amado a su amigo, recordándole sus bellezas y facciones.

92

Le dijo el amigo al Amado que iba hacia su corazón por muchos caminos, por muchos se le hacía presente a sus ojos, y que con muchos nombres le nombraba su voz. Pero que el amor con el que le vivificaba y mortificaba no era más que uno solo.

93

El Amado se presentó ante su amigo vestido de galas nuevas y encarnadas, y extendió sus brazos para que le abrazase, e inclinó su cabeza para que, besándole, le diese beso de paz. Y está en alto, para que le pueda encontrar.

94

Se ausentó el Amado de su amigo y buscaba el amigo a su Amado con su memoria y entendimiento para poderle amar. Encontró el amigo a su Amado y le preguntó dónde había estado. Respondió: «En la ausencia de tu recuerdo y en la ignorancia de tu inteligencia».

95

«Di, loco de amor: ¿te avergüenzas de las gentes cuando te ven llorar por tu Amado?». Respondió: «Vergüenza sin pecado es por falta de amor en aquel que no sabe amar».

96

Sembró el Amado en el corazón del amigo deseos, suspiros, virtudes y amores. Regó el amigo aquellas semillas con lágrimas y llantos. Y sembraba el Amado en el cuerpo del amigo trabajos, tribulaciones y enfermedades. Sanaba elamigo su cuerpo con esperanza, devoción, paciencia y consuelo.

97

En una suntuosa fiesta, el Amado estuvo junto a importantes personajes a los que agasajó e hizo espléndidos regalos. El amigo fue a aquella corte y le preguntó el Amado: «¿Quién te ha llamado para que vinieras a mi corte?». Respondió el amigo: «Necesidad y amor me han obligado a que viniese a ver tus bellas facciones, tu gracioso gesto, tus adornos y tu gloria».

98

Le preguntaron al amigo a quién pertenecía. Respondió: «Al amor». «¿De qué eres?». «De amor». «¿Quién te engendró?». «Amor». «¿Dónde naciste?». «En amor». «¿Quién te ha alimentado?». «Amor». «¿De qué vives?». «De amor». «¿Cómo te llamas?». «Amor». «¿De dónde vienes?». «De amor». «¿A dónde vas?». «A amor». «¿Dónde habitas?». «En amor». «¿Tienes algo más que no sea amor?». Respondió: «Sí, culpas y agravios contra mi Amado». «¿Hay perdón en tu Amado?». Dijo el amigo que en su Amado había misericordia y justicia y que por eso su morada estaba entre el temor y la esperanza porque la misericordia le obligaba a tener esperanza y la justicia a temer.

99

El Amado se ausentó de su amigo, y el amigo buscaba a su Amado con sus pensamientos, y con lenguaje de amor preguntaba por Él entre los hombres.

100

Encontró el amigo a su Amado despreciado entre las gentes y le dijo que grande agravio se hacía a sus honores. Respondió el Amado que padecía agravios por faltarle siervos y amantes devotos. Lloró el amigo y se le aumentó su dolor. Y el Amado le consolaba enseñándole sus acatamientos, su semblante y su magnificencia.

101

La luz del aposento del Amado vino a iluminar el aposento del amigo para expeler las tinieblas y llenarle de placeres, desfallecimientos y pensamientos de amor. Y el amigo echó fuera de su aposento todas las cosas para que descansase en él su Amado.

102

Preguntaron al amigo qué insignia llevaba en su estandarte el Amado. Respondió el amigo que de un hombre muerto. Le preguntaron por qué llevaba tal insignia. Respondió: «Porque Él fue hombre muerto y crucificado por amor, para que los que se glorían de amantes le sigan».

103

Fue el Amado a hospedarse a casa de su amigo y el mayordomo le pidió la paga del hospedaje; pero el amigo le dijo que su Amado debía ser acogido graciosamente, y aun con donativo, porque hace ya mucho tiempo que el Amado pagó el precio de todos los hombres.

104

Juntáronse la memoria y la voluntad y subieron a la montaña del Amado, para que el entendimiento se exaltase y el error del amigo se duplicase en amar a su Amado.

105

Cada día los suspiros y los llantos son mensajeros entre el amigo y el Amado, para que haya entre los dos consuelo y compañía, amistad y benevolencia.

106

Deseaba el amigo a su Amado viéndose lejos de Él, y le envió sus pensamientos para que le trajesen la bienaventuranza de su Amado, en la cual por largo tiempo le habla entretenido.

107

El Amado dio a su amigo el don de las lágrimas, los suspiros, las penas, los pensamientos y los dolores, con cuyo beneficio servía el amigo a su Amado.

108

Rogaba el amigo a su Amado que le diese libertad, paz y honra en este mundo. Y el Amado enseñó sus bellezas a la memoria y al entendimiento del amigo y se dio por objeto a su voluntad.

109

Preguntaron al amigo en qué consistía el honor. Respondió que en entender y amar a su Amado. Le preguntaron en qué consistía el deshonor. Y respondió que en olvidar y no amar a su Amado.

110

«Amado mío, el amor me atormentaba, hasta que le dije que Tú estabas presente en mis tormentos; y entonces el amor mitigó mis dolencias, y Tú, ¡Oh, Amado!, en premio, multiplicaste mi amor, quien me dobló los tormentos».

111

El amigo encontró al amante, que no hablaba, en el camino del amor; pero con llantos, tribulaciones y macilento rostro acusaba y reñía al amor. Este se excusaba con la lealtad, la esperanza, la sabiduría, la devoción, la paciencia, la fortaleza, la templanza y la bienaventuranza; y por esto reprendió al amante, que se quejaba del amor mientras que tan nobles dones le había dado.

112

Cantaba el amigo, diciendo: «¡Oh, qué gran dolor es el amor! ¡Ay, qué gran bienaventuranza es amar a mi Amado, que ama a sus amigos con amor infinito, eterno y en toda perfección cumplido!».

113

Iba el amigo a una tierra extraña, en donde pensaba encontrar a su Amado, y por el camino le embistieron dos leones. El amigo temió la muerte, pues deseaba vivir para servir a su Amado, y envió su recuerdo a su Amado, para que por amor asistiese a su tránsito y con Él pudiese mejor padecer la muerte. Mientras el amigo se acordaba de su Amado se acercaron con mansedumbre los leones al amigo, a quien lamieron las lágrimas de sus llorosos ojos y le besaron las manos y los pies. Y el amigo prosiguió en paz su camino en busca de su Amado.

114

Andaba el amigo por montes y llanos y no podía encontrar puerta por donde pudiese salir de la cárcel del amor, que largo tiempo le había tenido encarcelado su cuerpo, sus pensamientos, sus deseos y placeres. Mientras que el amigo iba así, ansioso, encontró a un ermitaño que dormía cerca de una hermosa fuente. Despertó el amigo al ermitaño y le preguntó si, soñando, había visto a su Amado. Este le respondió que igualmente encarcelados estaban sus pensamientos en la cárcel del amor, velando y durmiendo. Al amigo le gustó mucho encontrar compañero en la cárcel. Y lloraron mucho los dos, porque no tenía el Amado muchos de estos amigos.

115

Preguntaron al amigo cuál era la fuente del amor. Respondió que aquella en la que el Amado nos ha limpiado de nuestras culpas y en la cual da de balde agua viva, de la cual, quien bebe, logra vida eterna en amor sin fin.

116

No hay en el Amado cosa alguna en que el amigo no tenga sus ansias y tribulaciones, ni tiene el amigo en sí cosa alguna en que el Amado no tenga placer y señorío. Y por esto el amor del Amado está en acción y el amigo, por amor, está en dolores y pasión.

117

En un ramo cantaba una avecilla, diciendo que daría un nuevo pensamiento de amor a quien le diese dos. Dio el ave el nuevo pensamiento al amigo y este le dio dos al ave, para que le prolongase sus tormentos, y el amigo sintió multiplicados sus dolores.

118

Encontráronse el Amado y el amigo, y de su encuentro fueron testigos los saludos, los abrazos y los besos, las lágrimas y los llantos. Preguntó el Amado al amigo por su estado y quedó confuso y turbado el amigo en presencia de su Amado.

119

Lucharon entre sí el amigo y el Amado. Los pusieron en paz sus amores y surgió la cuestión: ¿cuál amor puso entre ellos mayor amistad?

120

Amaba el amigo a todos los que temían a su Amado y temía a todos los que no le temían; y de aquí resultó esta duda: ¿qué era mayor en el amigo, el amor o el temor?

121

Creía el amigo seguir a su Amado, y pasaba por un camino en donde había un león muy fiero, que mataba a cuantos pasaban por allá perezosamente y sin devoción. Y decía el amigo: «Al que no teme a mi Amado le conviene que todo lo tema, y quien le teme conviene que en todo tenga osadía y valor».

122

Preguntaron al amigo qué es la ocasión, y respondió que ocasión es placer en penitencia, entendimiento en conciencia, esperanza en paciencia, santidad en abstinencia, consolación en reminiscencia, amor en diligencia, lealtad en vergüenza, riqueza en pobreza, paz en obediencia y guerra en malevolencia.

123

Iluminó el amor el nublado que media entre el amigo y el Amado, y le hizo así claro y resplandeciente como la luna en la noche, como la aurora en la alborada, como el sol en el día y como el entendimiento en la voluntad. Y por aquella nube tan resplandeciente y clara se hablaban el amigo y el Amado.

124

Preguntaron al amigo cuáles eran las mayores tinieblas. Respondió que la ausencia de su Amado. Le preguntaron cuál era el resplandor mayor y dijo que la presencia de su Amado.

125

La seña del Amado aprehende el amigo, quien por amor se halla en tribulaciones, suspiros, llantos, pensamientos y desprecios de las gentes.

126

Escribía el amigo estas palabras: «Se alegra mi Amado porque le envío mis pensamientos, y por Él lloran y están en continuas lágrimas mis ojos, y siento langores, y sin Él ni vivo, ni toco, ni veo, ni oigo, ni huelo».

127

«¡Oh, entendimiento y voluntad, gritad y despertad los perros grandes, que duermen olvidando a mi Amado! ¡Oh, ojos, llorad! ¡Oh, corazón, suspira!

¡Oh, memoria, acuérdate del deshonor grande que a mi Amado hacen aquellos a quienes Él tanto ha honrado en este mundo!».

128

Aumentó la enemistad que hay entre las gentes y mi Amado. Pero no por eso dejó mi Amado de prometerles dones y retribución. Y con justicia y sabiduría amenazó a la memoria y voluntad de aquellos que desprecian sus promesas y sus amenazas no estiman, porque su miseria y su mal les vienen por su culpa y no por mi Amado.

129

Se acercaba el Amado al amigo para consolarle. Este se consoló de las penas que padecía y de su llanto. Y cuanto más se le acercaba el Amado, tanto más amargamente lloraba y sentía las deshonras que hacían a su Amado.

130

Con pluma de amor, tinta de lágrimas y papel de pasión, escribía el amigo a su Amado unas cartas en las que le decía que la devoción tardaba y el amor moría, y que la falsedad y el error, sus enemigos, se multiplicaban en el mundo.

131

Se ataban los amores del amigo y del Amado con memoria, entendimiento y voluntad, para que el amigo y el Amado no se separasen. Y la cuerda con que estos dos amores se ataban era de pensamientos, suspiros, enfermedades y llantos.

132

Recostado estaba el amigo en el lecho del amor; las sábanas eran de placeres, el cobertor de enfermedades y la almohada de llantos; y se dudaba si la tela de la almohada era de la tela de la sábana o de la tela del cobertor.

133

Vestía el Amado a su amigo con manteo, sotana y sayo, y le hacía jubón de amor, camisa de pensamientos, medias de tribulaciones y guirnalda de llantos y suspiros.

134

Rogaba el Amado a su amigo que no le olvidase. El amigo le decía que no podía olvidarlo, pues no podía ignorarle.

135

Decía el Amado al amigo que en aquel lugar donde más se teme alabarle, le alabase y defendiese. Respondía el amigo que le abasteciese de amores. Respondió el Amado que por su amor se había encarnado y fue crucificado y muerto.

136

Decía el amigo a su caro Amado que le enseñase el medio para hacerle conocer, amar y alabar a las gentes. Llenó el Amado de devoción, paciencia, caridad, tribulaciones, pensamientos, suspiros y llantos al amigo. Y fue a su corazón la osadía, paraalabarle; y a su boca, alabanzas de su Amado; y asu voluntad, desprecio de la murmuración de lasgentes, que juzgan falsamente.

137

El amigo, gritando a las gentes, decía: «Quien verdaderamente se acuerda de mi Amado, en las circunstancias de su recuerdo, olvida todas las cosas; y quien todo lo olvida para acordarse de mi Amado, de todo le defiende mi Amado y le da parte de todo».

138

Preguntaron al amigo de dónde nacía el amor, de qué vivía y por qué moría. Respondió el amigo que amor nacía de recuerdo, vivía de inteligencia y moría por olvido.

139

Olvidó el amigo todo cuanto está bajo el alto cielo, para que el entendimiento pudiese subir más alto, hasta conocer al Amado, a quien la voluntad deseaba entender, contemplar, alabar y predicar.

140

Iba el amigo a pelear en honra de su Amado y llevaba en su compañía fe, esperanza, caridad, justicia, prudencia, fortaleza y templanza para vencer a los enemigos de su Amado. Y el amigo hubiera sido vencido de no ayudarle su Amado y de no haberle enseñado sus noblezas y significado su voluntad.

141

Deseaba el amigo pasar al último fin, por el cual amaba a su Amado y los otros fines impedían su tránsito; y por esto, los dilatados deseos y pensamientos le daban tristeza y pena.

142

El amigo se consolaba y alegraba en las noblezas de su Amado. Pero, al poco rato, se acordó del desorden de este mundo y sus ojos se llenaron de lágrimas por la redundancia de su dolor y tristeza.

143

Sufría el amigo a causa de la sobreabundancia de pensamientos y deseos, y le fue propuesta esta cuestión: ¿qué sentía más vivamente: los placeres o los tormentos?

144

El amigo era mensajero del Amado ante los príncipes cristianos e infieles, a fin de enseñarles el Arte y sus principios, para que pudiesen conocer y amar las dignidades de su Amado.

145

Si ves a un amigo adornado con ricos vestidos, honrado por vanagloria, y gordo por comer, beber y dormir, sepas que ves en él condenación y tormentos. Pero si ves a un amigo con pobres vestidos, despreciado de las gentes, pálido el semblante y macilento a causa de los ayunos y vigilias, sepas que ves en él salvación y eterna bendición.

146

Se lamentó el amigo y se quejó su corazón del ardor de su amor, y pensó en morir. Se compadeció de ello el Amado y le pidió el amigo consuelo de paciencia, esperanza y tribulación.

147

Dijo el amigo: «Al que en todo tiempo es cautivo no se le debe dar salario, ni premio por sus trabajos, ni menos al que debe más de lo que puede pagar». Y por esto reprendió a los amantes indiscretos, que no hacen diferencia entre la gracia y el premio.

148

Considerando el amigo el tiempo pasado, lloraba por lo que había perdido, sin que nadie le pudiese consolar, porque sus pérdidas eran irrecuperables.

149

Creó Dios la noche para que el amigo velara y pensara en las noblezas de su Amado. Y pensaba el amigo que la había creado para que reposaran y durmieran los que fatigaron por amor.

150

Escarnecían y reprendían las gentes al amigo porque andaba como loco de amor. El amigo menospreciaba sus escarnios, y corregía a las gentes porque no amaban a su Amado.

151

Decía el amigo: «Vestido estoy de vil sayal; mas el amor viste mi corazón de agradables pensamientos y mi cuerpo, de vestiduras de llanto, lágrimas y penas».

152

Cantaba el Amado, diciendo: «Encaminé a los que me loaban a que alabasen mis valores; y los enemigos de mi honor los atormentaban, teniéndolos en grande desprecio; y por esto yo envié a mis amigos a que sientan y lloren mis afrentas, y sus lamentos y llantos nacieron de mi amor».

153

Juraba el amigo al Amado que por su amor amaba y padecía sufrimientos y penas, y por esto le rogaba que le amase y se compadeciese de sus penas y sufrimientos. Juró el Amado que era naturaleza y propiedad de su amor el amar a todos los que le amaban y el apiadarse de todos los que padecían sufrimientos por su amor. Se alegró el amigo y se consoló en la naturaleza y propiedad esencial de su Amado.

154

Vedó el Amado a su amigo el hablar, y este se consolaba con la sola vista de su Amado.

155

Tanto lloró y llamó el amigo a su Amado que este descendió de las soberanas alturas de los cielos y vino a la tierra a llorar, compadecerse y morir por amor, y para enseñar a los hombres a amar y a conocer sus honores.

156

Se quejaba el amigo de los cristianos porque no ponen el nombre de su Amado Jesucristo en el principio de sus cartas, para que por lo menos le hagan aquella honra que hacen los sarracenos a Mahoma, hombre falaz y pecador, cuyo nombre ponen en el principio de sus cartas para honrarle.

157

Encontró el amigo a un escudero macilento, descolorido y vestido pobremente, el cual iba pensativo. Saludó este al amigo, diciéndole que Dios le encaminase al encuentro de su Amado. Le preguntó el amigo en qué le había conocido. El escudero le respondió que unos secretos de amor revelan los otros, y que por esto unos amantes conocen a los otros.

158

Las noblezas, los honores y las buenas obras del Amado son tesoro y riquezas del amigo; y el tesoro del Amado son los pensamientos y deseos, los tormentos, los llantos y las lágrimas que sufre el amigo por honrar y amar a su Amado.

159

Un numeroso ejército y una grande multitud de amantes expertos se han juntado, los cuales llevan bandera de amor, en donde está la imagen y divisa de su Amado, y no quieren que en su compañía vaya hombre alguno que no tenga amor, para que su Amado no reciba de ello deshonor.

160

Los hombres, que demuestran ser locos por amontonar dinero, mueven al amigo a ser loco de amor. Y el rubor que el amigo tiene de andar como loco entre las gentes, le da modo como sea amado y apreciado de las gentes. Y por esto, es motivo de debate cuál de los dos motivos es mayor ocasión de amor.

161

El amor entristeció al amigo por exceso de pensamientos. Cantó el Amado, y se alegró el amigo habiéndole oído. Y fue motivo de debate cuál de estas dos cosas fue mayor causa de multiplicar el amor en el amigo.

162

En los secretos del amigo están revelados los secretos del Amado, y en los secretos del Amado están revelados los secretos del amigo; y es motivo de debate cuál de estos dos secretos es mayor causa de revelación.

163

Preguntaron al loco por qué señal era conocido su Amado. Respondió que por misericordia y piedad,que están esencialmente en la voluntad sinmutación alguna.

164

Por el particular amor que tenía el amigo a su Amado, amaba el amigo el bien común más que el particular, porque su Amado en general fuese conocido, loado y deseado por todo el mundo.

165

Amor y desamor se encontraron en un vergel, en donde el amigo y el Amado lloraban secretamente. Y amor preguntó a desamor con qué fin había ido allí. Le respondió que para desenamorar al amigo y deshonrar al Amado. Mucho disgustó esto que dijo el desamor al Amado y al amigo, y multiplicaron ambos su amor, para que el amigo venciera y destruyera al desamor.

166

«Dime, loco de amor, ¿en qué sientes mayor complacencia: en amar o en aborrecer?». Respondió que en amar, porque aborrecía para poder amar.

167

«Dime, amigo, ¿en qué tienes más inteligencia: en entender verdad o falsedad?». Respondió que en entender verdad; pero que entendía la falsedad para poder entender mejor la verdad.

168

Entendió el amigo que él era amado de su Amado, y le preguntó si su amor y su misericordia eran en Él una misma cosa. Afirmó el Amado que en su esencia no tienen diferencia su amor y su misericordia; y le dijo por esto el amigo que por qué su amor le atormentaba, y por qué no le curaba de sus males su misericordia. Le respondió el Amado que su misericordia le daba dolencias para que con ellas honrase más vivamente a su amor.

169

Quiso el amigo pasar a tierras extrañas para honrar a su Amado, y quiso disfrazarse para no ser conocido ni apresado en el camino; y jamás pudo quitar los llantos de sus ojos, ni apartar de su rostro la flaqueza y palidez, y por estas señas fue conocido y apresado en el camino, y entregado a tormentos por los enemigos de su Amado.

170

Detenido en la cárcel de amor estaba el amigo. Le custodiaban y aprisionaban pensamientos, deseos y memorias, para que no huyese de su Amado. Le atormentaban enfermedades. Le consolaban la paciencia y la esperanza. Moríase el amigo. Pero el

Amado se le manifestó a sí mismo, ante cuya vista recobró el aliento el amigo.

171

Encontró el amigo a su Amado. Le conoció y lloró. Le reprendió el Amado, porque no lloraba antes de conocerle, y le preguntó en qué le había conocido, puesto que antes no lloraba. Le respondió el amigo que en su recuerdo, inteligencia y voluntad, en donde se aumentó el amor después que le tuvo presente a sus ojos corporales.

172

Preguntó el Amado a su amigo qué cosa era amor. Y le respondió que amor era presencia de facciones y palabras del Amado en el corazón del amante, que suspira y adolece por desear al Amado. Y que amor es un hervor de osadía y de temor por fervor. Y que amor es la fina voluntad en desear a su Amado. Y que amor es aquello que mata al amigo cuando oye cantar las bellezas de su Amado. Y que amor es aquello en que está mi muerte y en que está mi voluntad todos los días.

173

La devoción y el dolor de la ausencia enviaron los pensamientos por mensajeros al corazón del amigo, para que subiesen las lágrimas a los ojos, que querían cesar del llanto en que habían perseverado mucho tiempo.

174

Decía el amigo: «Si vosotros, amantes, queréis fuego, venid a mi corazón y encended en él vuestras lámparas. Y si queréis agua, venid a las fuentes de mis ojos, que corren en lágrimas; y si queréis pensamientos de amor, venid a tomarlos de mis recuerdos».

175

Aconteció un día que el amigo pensaba en el gran amor que tenía a su Amado y en los grandes trabajos y peligros en que se había visto largo tiempo por su amor; por lo cual discurrió que había de ser grande su premio. Mientras pensaba en esto, el amigo se acordó de que su Amado ya le había pagado, porque le había enamorado de sus perfecciones y porque por su amor le había dado penas.

Limpiaba el amigo su rostro y sus ojos de las lágrimas que por amor derramaba, para no descubrir las penas que le comunicaba su Amado, quien dijo al amigo que por qué ocultaba a los demás amantes las señales de amor, pues se las había dado para que los enamorase a honrar sus valores.

177

«Dime, hombre que por amor andas como loco, ¿hasta cuándo serás cautivo y estarás sujeto a llorar y padecer trabajos y penas?». Respondió: «Hasta que el Amado haga separación de mi alma y de mi cuerpo».

178

«Dime, loco de amor, ¿tienes dinero?». Respondió: «Tengo a mi Amado». «¿Tienes villas, castillos o ciudades, reinos, condados, baronías, o dignidades?». Respondió: «Tengo amores, pensamientos, deseos, llantos, trabajos y enfermedades por mi Amado, que son mejores que imperios y reinos».

179

Preguntaron al amigo en qué conocía la sentencia de su Amado. Respondió que en la igualdad de los placeres y trabajos con que su Amado juzgaba a sus amantes.

180

«Dime, loco, ¿quién sabe más de amor: el que tiene placeres, o el que tiene trabajos y penas?». Respondió que por el uno sin el otro no se puede tener conocimiento de amor.

181

Preguntaron al amigo por qué no se defendía de las faltas y falsos crímenes de que le acusaban las gentes. Respondió que porque tenía que defender a su Amado, de quien las gentes blasfemaban falsamente; y que porque el hombre, en quien puede caber error o engaño, no es casi digno de alguna excusa.

182

«Dime, loco, ¿por qué defiendes al amor, cuando maltrata y atormenta tu cuerpo y aflige tu alma?». Respondió: «Porque me aumenta el mérito y la gloria».

183

Se lamentaba el amigo, y se quejaba a su Amado porque mandaba que el amor le atormentase con tanta fuerza. Se excusaba el Amado, aumentándole pensamientos, trabajos, peligros, lágrimas y llantos.

184

«Dime, loco, ¿por qué excusas a los culpables?». Respondió: «Para no ser semejante a los que acusan a los inocentes ante los culpables».

185

Elevó el Amado el entendimiento del amigo a entender sus alturas para que el entendimiento inclinase la memoria a rememorar sus propios defectos y la voluntad los aborreciese y subiese a amar las perfecciones del Amado.

186

Cantaba el amigo cánticos de su Amado, diciendo que era tanta la voluntad que le tenía que todo cuanto por la voluntad de su Amado aborrecía le daba mayor placer y gloria que todas las cosas que amaba sin el amor de su Amado.

187

Iba el amigo por una gran ciudad, y se preguntaba si encontraría a algún hombre con quien pudiese hablar a todo su gusto de su Amado. Le señalaron a un hombre pobre, que lloraba por amor buscaba compañero, para que pudiese hablar de amor.

188

Pensativo estaba, y entretenido consigo mismo, el amigo, discurriendo sobre cómo sus trabajos y penas podían tener principios en la grandeza de su Amado, que tiene en sí tanta gloria; y se acordó del sol, que, aunque esté tan alto, se difunde entero aquí abajo, a los ojos débiles.

189

Los pensamientos del Amado estaban entre el olvido de sus tormentos y el recuerdo de sus placeres; porque los placeres que logra del amor le hacen olvidar la fatiga de los trabajos, y los tormentos que amor padece le hacen recordar la felicidad que logra por amor.

190

Preguntaron al amigo si era posible que su Amado olvidase el amarle. Respondió que no, mientras que su memoria se acordase de Él y su entendimiento entendiese las noblezas de su Amado.

191

«Dime, loco, ¿de qué se hace la mayor comparación y similitud?». Respondió que de amigo y de Amado. Le preguntaron la razón de esto y dijo que era a causa del amor que había entre los dos.

192

Preguntaron al Amado si por algún tiempo había usado de piedad. Respondió: «De no haberla usado, no habría enamorado al amigo de mi amor, ni le habría atormentado con suspiros, llantos, trabajos y enfermedades».

193

Se paseaba el amigo por un extenso bosquebuscando a su Amado, y encontró a la verdad y a la falsedad, que disputaban de su Amado, porque la verdad le alababa y la falsedad blasfemaba de Él; por lo cual el amigo llamó al amor, para que ayudase a la verdad contra la falsedad.

194

Vino la tentación al amigo para ausentarle a su Amado, para que la memoria se despertase y recobrase la presencia de su Amado, acordándose de Él con más viveza que antes, y para que el entendimiento quedase más sublime en entender y la voluntad en amar a su Amado.

195

Olvidó un día el amigo a su Amado, y al otro día se acordó de haberle olvidado. En este día que se acordó el amigo que había olvidado a su Amado, estuvo el amigo en tristeza y dolor y en gloria y alegría por la tristeza que tuvo del olvido y consuelo del recuerdo.

196

Tan vivamente deseaba el amigo las alabanzas y honras de su Amado, que dudaba si se acordaba bastantemente de ellas; y tan vivamente aborrecía sus deshonras y blasfemias, que dudaba si las aborrecía suficientemente, por lo que estaba el amigo turbado por su Amado entre amor y temor.

197

Moría el amigo a causa de los placeres y vivía a causa de las penas. Los placeres y penas se unían y ajustaban en ser una cosa misma en su voluntad; por lo que a un mismo tiempo vivía y moría el amigo.

198

Deseaba el amigo olvidar e ignorar a su Amado solo por el espacio de una hora, para ver si tendría algún alivio en sus penas. Pero pensó que le sería de mayor sufrimiento el olvido y la ignorancia que de su Amado tendría, por lo que tuvo paciencia en sus penas y elevó por amor su entendimiento, su memoria y su voluntad en la contemplación de su Amado.

199

Tanto amaba el amigo a su Amado, que creía cuanto Él le decía. Y tanto deseaba el entenderle, que cuanto oía decir de Él deseaba entender por razones necesarias. Y por esto el amor del amigo se hallaba entre creencia e inteligencia, fe y ciencia.

200

Preguntaron al amigo cuál cosa tenía más lejos de su corazón. Respondió que desamor. Preguntáronle por la razón, y dijo que porque lo que tenía más cerca de su corazón era amor, que es contrario a desamor.

201

«Dime, loco, ¿tienes codicia?». Respondió: «Sí, toda hora que olvido la generosidad y riquezas de mi Amado».

202

«Dime, amigo, ¿tienes riquezas?». Respondió: «Sí, tengo amor». «¿Tienes pobreza?». «Sí, tengo amor». Le preguntaron: «¿Por qué?». Y respondió: «Porque el amor no es mayor, y porque no enamora a muchos amigos a honrar los honores dignos de mi Amado».

203

«Dime, amigo, ¿en dónde está tu poder?». Respondió: «En el poder de mi Amado». «¿Con qué te esfuerzas contra tus enemigos?». «Con las fuerzas de mi Amado». «¿Con qué te consuelas?». Y respondió: «Con los tesoros eternos de mi Amado».

204

«Dime, loco de amor, ¿a quién amas más: a la misericordia o a la justicia de tu Amado?». Respondió que tanto le convenía amar y temer a la justicia, que ninguna mayoridad de valor había de tener en su voluntad en amar a cosa alguna más que la justicia de su Amado.

205

Combatían entre sí las culpas y los méritos en la voluntad y conciencia del amigo, y justicia y reminiscencia multiplicábanle la conciencia; pero la misericordia y la esperanza multiplicaban el perdón en la voluntad del Amado y, por esto, los méritos vencieron a las culpas en la penitencia del amigo.

206

Afirmaba el amigo que en su Amado se hallaba toda perfección y negaba que hubiese en Él defecto alguno. Y por esto surgió el debate: ¿cuál era mayor, la afirmación o la negación?

207

Eclipse hubo en el cielo y tinieblas en la tierra, y por esto el amigo se acordó que la culpa había apartado por mucho tiempo a su Amado de su querer, por cuya ausencia las tinieblas habían desterrado de su entendimiento la luz, con la cual se representa el Amado a sus amigos.

208

Acudió amor al amigo, y este pregunto qué quería. Y el amor le dijo que había acudido a él para que le educase y acostumbrase, de suerte que por él pudiese en la muerte vencer a sus mortales enemigos.

209

Enfermaba el amor porque el amigo había olvidado a su Amado. Y enfermó el amigo porque, por sobras del mucho memorar, le dio el Amado trabajos, ansias y langores.

210

Encontró el amigo a un hombre que moría sin amor. Lloró el amigo el deshonor que su Amado recibía por la muerte de aquel hombre y le preguntó el amigo por qué moría sin amor. Respondió que porque no había tenido quien le diese conocimiento del amor ni quien le hubiese instruido para ser amigo; por lo que el amigo, suspirando y llorando, dijo: «¡Oh, devoción, cuándo serás mayor para que la culpa sea menor y que mi Amado tenga muchos y fervorosos loadores, que no reparen en alabar, honrar y servir a sus honores!».

211

Probó el amigo si el amor podía conservarse en su corazón sin rememorar a su Amado; y cesaron el corazón de pensar y los ojos de llorar, aniquilóse el amor y quedó el amigo desamparado del amor; y preguntó a las gentes si habían visto al amor o en dónde podría encontrarle.

212

Amor y amar, y amigo y Amado se convienen tan fuertemente en mi Amado, que son una actualidad en esencia. Y amigo y Amado son cosas distintas, concordantes sin contrariedad alguna, ni diversidad de esencia, y por eso Amado es amable sobre todos los amores.

213

«Dime, loco de amor, ¿por qué tienes tan grande amor?». Respondió: «Porque largo y peligroso es el viaje en que voy buscando a mi Amado; y conviene que con fe grande le busque, y que vaya con diligencia; y sin un gran amor no podría yo cumplir en todas estas cosas».

214

Velaba, ayunaba, hacía limosnas, lloraba e iba por tierras extrañas el amigo para mover la voluntad de su Amado a enamorar a sus súbditos, para que honraran sus honores; pero consideró el amigo que no es de la naturaleza del agua el calentar, ni subir arriba, si no es primero calentada; y por esto rogó al Amado se dignase en calentar primero con amor sus peregrinaciones, limosnas y vigilias, para que pudiese cumplir sus deseos.

215

El amigo vio a un peregrino que cantaba, y decía: «Si no basta el amor del amigo a mover a su Amado a piedad y perdón, ya basta el amor del Amado para dar a sus criaturas gracias y bendición».

216

«Dime, loco de amor, ¿por cuál cosa puedes ser más semejante a tu Amado?». Respondió: «Por entender y amar con todo mi poder las perfecciones y hermosura de mi Amado».

217

Preguntaron al amigo si su Amado tenía falta de alguna cosa. Respondió que sí, de amigos y loadores para alabar sus valores.

218

El Amado hería el corazón de su amigo con varas de amor, para obligarle a amar el árbol del cual coge las varas con que hiere a sus amigos, en cuyo árbol

Él padeció oprobios, tormentos y la muerte, para restaurar el amor en los amigos a quienes habían perdido los engaños del enemigo del amor.

219

Encontró el amigo a su Amado, y lo vio noble, poderoso y digno de toda honra, y le dijo que se admiraba mucho de las gentes que no le amaban, conocían y honraban, siendo Él tan digno. Respondió el Amado que Él había criado al hombre para ser conocido, amado y honrado por él. Mas que había quedado defraudado, porque de mil, solo ciento le temían y amaban; y que de los cien, los noventa le temían por el castigo, y diez por la gloria; y que apenas ninguno había que le amase por su bondad y nobleza. Oído esto, el amigo derramó muchas lágrimas por el deshonor que se hacía a su Amado, y le dijo: «¡Oh, Amado, Tú que diste tanto al hombre y le honraste tanto!, ¿por qué el hombre te ha olvidado tanto?».

220

Alababa el amigo a su Amado, diciéndole que su lugar era trascendente, porque está en donde no llega el lugar; y por esto, cuando preguntaron al amigo en dónde estaba su Amado respondió y dijo:

71

«Está, más no sé en dónde; sé, empero, que está en su reminiscencia.

221

Compró el Amado con sus honores a un hombre cautivo y sujeto a pensamientos, langores, suspiros y llantos y le preguntó qué quería comer y beber. Respondió que lo que Él quisiese. Le preguntó más: qué quería vestir. Y respondió que lo que Él le quisiera dar. Le preguntó qué quería. Le respondió que lo que Él quisiese. Le dijo el Amado: «¿Tienes voluntad alguna?». Respondió que el siervo y cautivo no tienen otra voluntad que la de obedecer a su Señor y a su Amado.

222

Preguntó el Amado a su amigo si tenía paciencia. Respondió que todo le venía a gusto y que, así, no tenía en qué tuviese impaciencia; porque quien no tenía señorío en su voluntad no podía ser impaciente.

223

El amor se daba a quien él quería y, por cuanto no se daba a muchos hombres, y porque a los amigos no les hace fuertemente enamorar de su Amado, pues para ello tenían precepto y libertad, el amigo se querellaba del amor y le acusaba en presencia de su Amado. El amor se excusó, diciendo que él no era contrario al libre albedrío, porque deseaba para sus amigos grande mérito y gloria.

224

Grande riña y discordia hubo entre el amigo y el amor porque el amigo se enfadaba de los trabajos que padecía por amor. Y se disputó si era esto por falta del amigo o del amor. Comparecieron en el Tribunal del Amado, quien castigó al amigo con enfermedades y le premió con el colmo del amor.

225

Se debatía si el amor era más cercano a los pensamientos o a la paciencia. Solventó el amigo la cuestión, diciendo que el amor se engendra en los pensamientos y se sustenta en la paciencia.

226

Los vecinos del amigo son las hermosuras y bellezas del Amado. Y los vecinos del Amado son los pensamientos del amigo y los sufrimientos y llantos que padece por su amor.

227

Muy alto quiso subir la voluntad del amigo, para poder amar mucho a su Amado, y mandó al entendimiento que subiese con todo su poder. El entendimiento mandó a la memoria y los tres subieron a contemplar al Amado en sus honores.

228

Partió la voluntad del amigo y se entregó al Amado, quien encarceló la voluntad en el amigo, para que por él fuese amado y servido.

229

Decía el amigo: «No piense el Amado que yo me haya pasado a amar a otro amado, porque el amor me tiene unido todo en amar a un solo Amado». Respondió el Amado, diciendo: «No piense el amigo mío que yo sea amado y servido por él solo; antes tengo muchos amigos, por quienes soy amado más viva y dilatadamente que no por su amor».

230

Decía el amigo a su Amado: «Amable Amado, Tú has acostumbrado y educado mis ojos a ver y mis oídos a oír tus honores; y por esto acostumbras Tú a mi corazón a pensamientos por quienes mis ojos se acostumbren al llanto y mi corazón a penas». Respondió el Amado que sin tales costumbres y educación no estaría su nombre escrito en el libro en el cual están escritos los nombres de todos los que van a la bendición eterna y del cual están tildados los nombres de los que van a la muerte de eterna maldición.

231

En el corazón del amigo se congregaban las nobles hermosuras del Amado. Y aumentaban los pensamientos y tristezas en el amigo, quien del todo hubiera enfermado y muerto si el Amado hubiese continuado multiplicando sus honores y sus atractivos pensamientos en la mente de su amigo.

232

Fue el Amado a hospedarse a casa del amigo, quien dispuso para Él cama de pensamientos, y le sirvieron llantos y suspiros. Y pagó el Amado al amigo el hospedaje con recuerdos.

233

Mezclaba el amor los placeres y los trabajos en los pensamientos del amigo. Se quejaron de esta mezcla los placeres y acusaron al amor en el Tribunal del Amado. Mandó el Amado que parase. Y se acabaron y desvanecieron los placeres después de que el Amado los separó de los tormentos que el amor daba a sus amigos.

234

Las señas de los amores que hace el amigo a su Amado en el principio son llantos; en el medio, tribulaciones; y, al fin, dulce muerte. Y por estas señas predica el amigo a los amigos acerca de su Amado.

235

Entregábase a la soledad el amigo, y en su corazón había pensamientos, y en sus ojos, lágrimas y llantos, y en su cuerpo, aflicciones y ayunos. Y, volviendo al amigo a la compañía de las gentes, le dejaba desamparado de todas las cosas dichas, y quedaba solo entre las gentes.

236

Amor es un mar alborotado de olas y vientos sin puerto ni ribera. Perece el amigo en el mar. Y en su peligro perecen sus tormentos y nacen sus cumplimientos.

237

«Dime, loco, ¿qué es amor?». Respondió: «Una concordancia de teórica y práctica a un fin al cual se mueve el complemento de la voluntad del amigo, para que obligue a las gentes a que honren y sirvan a su Amado; y es cuestión si el fin conviene más fuertemente con la voluntad del amigo que desea estar con su Amado, o del que desea hacerle muchos amigos».

238

Encontró el amor del amigo al amor mundano, quien luego se convirtió en nada; de lo que se admiraron los hombres que lo vieron, a quienes dijo el amigo: «No tenéis de qué admiraros, porque no es contra naturaleza que las tinieblas se desvanezcan en presencia de la luz».

239

Compró el Amado al amigo un huerto en donde criar sus amores. Lo regó el Amado con sudor y, con cinco ríos que eran más dulces que cualquier otra cosa, por suave que sea, lo hizo fertilísimo; y en medio de aquel huerto plantó un bello árbol, cuyo fruto sanaba todas las enfermedades.

240

Le preguntaron al amigo quién era su Amado. Respondió que Aquel que hacía amar, desear, languidecer, suspirar, llorar, ser escarnecido y, en fin, morir; y el que hace la muerte más dulce que la vida, los escarnios más preciosos que la honra y los llantos y suspiros más deliciosos que la risa y la alegría.

241

Le preguntaron al amigo quién era su Amado. Respondió que Aquel que por honrar y alabar sus honores no dudaba en padecer cualquier trabajo. Y el que para vivir con su Amado muere en sí mismo. Y el que a todos dice y aconseja que vendan cuanto posean y renuncien a todo para comprar el amor de su Amado.

242

En una gran fiesta estaba el amigo en el oratorio de su Amado. Oyó a los músicos que cantaban, y las palabras de su canto eran del Amado, mas la solfa era mundana; y no pudo contenerse el amigo sin decir en altas voces estas palabras: «¿Por qué ensuciáis las piedras preciosas con el lodo, vosotros, que no sabéis alabar? ¿No sabéis que este modo de cantar no conviene con los honores del Rey de las vírgenes, pues de esto resulta el que las mujeres ruines se inclinen a vivir mal?».

243

«Dime, cautivo de amor, ¿cuál carga es más pesada y más molesta: padecer trabajos por amor, o padecerlos por desamor?». Respondió que se lo preguntasen a los que hacen penitencia por amor de su Amado y a los que la hacen por temor a las penas del infierno.

244

Se durmió el amigo y murió el amor, porque no tenía de qué vivir. Despertóse el amigo, y volvió a vivir el amor en los pensamientos que envió el amigo a su Amado.

245

Decía el amigo que la ciencia infusa venía de voluntad de devoción y de oración; y la adquirida venía de estudio y trabajo del entendimiento, y por eso es cuestión de debate: ¿cuál ciencia es más presto en el amigo, y cuál le es más agradable y es más acomodada para amar al Amado?

246

«Dime, loco de amor, ¿de dónde vienen tus necesidades?». Respondió: «De pensamientos y deseos con perseverancia de suspiros y gemidos de mi Amado». «¿Y de dónde viene todo esto?». «De amor». «¿Y de dónde tienes amor?». «De mi Amado». «¿Y de dónde tienes a tu Amado?». «De Sí mismo solamente».

247

«Dime, loco, ¿quieres ser libre en todas cosas?». Respondió: «Sí, menos de mi Amado». «¿Y quieres ser cautivo?». Dijo: «Sí, de amor, de suspiros y pensamientos, trabajos, peligros, destierros y llantos para servir a mi Amado por quien son creadas todas las cosas para loar y conocer sus valores».

248

Atormentaba el amor al amigo, por cuyo tormento lloraba y se lamentaba el amigo. Le llamaba su Amado, para que se acercase a Él y le curara; y cuanto más se acercaba el amigo a su Amado, con más fuerza le atormentaba el amor porque más amor sentía. Y cuanto más amor y más llanto sentía, tanto más amaba, y más fuertemente el Amado, con sus amores, le curaba de sus dolencias.

249

Enfermo estaba el amor y el amigo le curaba con paciencia, perseverancia, obediencia y esperanza. Convaleció el amor, enfermó el amigo; su Amado lo curaba, dándole reminiscencia de sus virtudes y honores.

250

Iba el amigo gritando en altas voces por las calles y plazas: «El nombre de mi Amado es fuente abundante de amor: si todos bebiesen de ella, no fueran partidos sus amores, como en el sol no es partido el resplandor. Poco, pues, saben todos los que rompen el vaso precioso el cual, después de quebrado, para nada sirve».

251

«Dime, cautivo de amor, ¿qué cosa es soledad?». Respondió: «Consuelo y compañía del amigo y del Amado». «¿Y qué cosa es consuelo y compañía?». Respondió que soledad, pues estando en el corazón del amigo solo se acuerda de su Amado.

252

Se le propuso al amigo esta cuestión: «¿En dónde había mayor peligro: en padecer tristezas por amor, o en gozar felicidades?». Convino el amigo con su Amado, diciendo que peligros por felicidades son por falta de conocimiento; y peligros por infelicidades son por impaciencia.

253

El Amado dio libertad al amor y facultad a todas las gentes para que tomasen de él a toda su voluntad. Mas apenas encontró el amor quién le metiese en su corazón; y por eso lloró y se entristeció mucho el amigo, viendo el deshonor que aquí, entre nosotros, en el mundo, recibe el amor de los falsos amigos y hombres desagradecidos. Y dijo el amor: «En lugar alto habito, sin desamparar el lugar bajo; de balde me ofrezco a todos; y por esto quien no me recibe no tendrá excusa».

254

Destruía el amor todas las cosas en el corazón de su verdadero amigo, para poder caber y vivir en él, y hubiera muerto al amigo a no tener este memoria de su Amado.

255

Dos pensamientos tenía el amigo: con el uno pensaba todos los días en la esencia y virtudes de su Amado; y con el otro, en las obras de su Amado; de aquí nació la cuestión sobre cuál de estos pensamientos era más excelente y más del gusto del Amado.

256

Los que hacen burla del Amado citaron al amigo para que compareciese en juicio; compareció el amigo; mas no tuvo abogado que hablase por él, porque de la pobreza ninguna riqueza aguardaban. Le acusaron de que no vivía como los demás hombres. Respondió el amigo: «Dispensa tengo del amor». Quisieron prenderle y encarcelarle, pero él apeló a las leyes de su Amado.

257

Saliendo el amigo de la sala y tribunal de justicia vio al sol resplandeciente y claro, y dijo: «¡Oh, sol refulgentísimo, tú que te muestras obediente a mi Amado, así como cumples cada día veinticuatro horas justas, así te ruego des claridad a todos los que hacen y administran justicia!».

258

Pasó el amigo por un hospital, en donde había muchos enfermos, y preguntó por cuál mayor motivo tenían compañero que les asisitían en las necesidades. Y le respondieron que «por su Amado». Entonces dijo el amigo: «Confiad en la gloria del que a nadie falta en la necesidad, y si tanto vale el nombre de mi Amado, ¿mi Amado cuánto podrá?».

259

«Di, loco, ¿quieres morirte?». Respondió: «Sí; en los deleites de este mundo, y en los pensamientos de los malditos, que olvidan y ultrajan a mi Amado, en cuyos pensamientos no quiero entender ni ser partícipe, pues no se halla en ellos mi Amado».

260

«Si tú, cautivo de amor, dices la verdad, serás herido de las gentes, escarnecido, reprendido, atormentado y condenado a muerte». Respondió el amigo: «De esto se sigue que, si yo dijera falsedades, sería amado, alabado y servido y honrado de las gentes y defendido de los que menosprecian a mi Amado».

261

Un día, loadores falsos maldecían al amigo en presencia de su Amado, y el amigo tenía en ello paciencia, y el Amado, sabiduría, poder y justicia. El amigo estimó más ser maldecido y reprendido que ser amado de los falsos maldicientes.

262

Sembraba el Amado diferentes semillas en el corazón del amigo, de donde nacía, vestía hojas, florecía y granaba un solo fruto. Es cuestión si de aquel fruto podrían nacer diferentes semillas.

263

Sobre el amor estaba el Amado en grande altura, y debajo del amor estaba el amigo, muy ínfimo. El amor, que estaba en medio, hizo bajar el Amado al amigo y subir el amigo al Amado; y de este ascenso y descenso vive y toma principio el amor, por quien enferma el amigo, y es servido el Amado; y por este acto es libremente sano.

264

A la derecha del amor reside el Amado y el amigo, a la izquierda. Y por esto, sin que el amigo pase por el amor, no puede llegar a su Amado.

265

Delante del amor está el Amado; detrás del Amado está el amigo; y por esto el amigo no puede pasar al amor hasta haber pasado sus pensamientos y deseos por el Amado.

266

Entró el amigo en el huerto del amor, en donde vio una hermosa azucena y se alegró, porque le representaba a su Amado, que es más blanco y puro que todas las cosas. Después vio una rosa muy hermosa, y dijo: «Así como la rosa es a los ojos corporales hermosa sobre todas las demás flores, así a los ojos del entendimiento mi Amado es mucho más bello y agradable que todos los amigos».

267

Del profundo abismo de la fuente de bondad y valor salieron dos semejantes en honor y valor; igualmente por el amor de los tres se inflaba el amigo; y el amor, con todo esto, no es más que uno, para demostrar que aunque sean tres Amados subsistentes, es uno solamente por esencia.

268

Se vistió el Amado de la tela de que estaba vestido su amigo, para que fuese su compañero en la eterna gloria; y por esto el amigo deseaba continuamente vestidos encarnados, porque la tela fuese más semejante a la vestidura de su Amado.

269

«Dime, loco: ¿qué hacía tu Amado antes de crear el mundo?». Respondió: «Mi Amado amaba, porque era de diferentes propiedades eternales, personales e infinitas, en donde hay amante, amor y Amado».

270

Lloraba el amigo, y estaba muy triste, porque veía a los infieles que, por ignorancia, perdían a su Amado; y se alegraba en la justicia de su Amado, que castigaba a los que le desconocían y le eran desobedientes; y por esto se le propuso la cuestión sobre si era mayor su tristeza o su alegría; y si tenía mayor felicidad viendo honrar a su Amado que desplacer y tristeza viendo que no le honraban.

271

Miraba el amigo a su Amado en la mayor diferencia y concordancia de virtudes, y en la mayor contrariedad de virtudes y vicios, y en el ser y perfección que convienen entre sí más fuertemente sin defecto; que el no ser y la imperfección que concuerdan con el defecto. Y por esto dijo que concordancia con diferencia es perfección que conviene más con el ser sin defecto, que con defecto y no ser.

272

Los secretos de su Amado veía el amigo por la diversidad y concordancia, que le revelaban la pluralidad y unidad en su Amado y, por razón de mayor conveniencia de esencia, esencia sin contrariedad.

273

En la aurora se paseaba el amigo y miró al sol que salía y, lleno de regocijo, empezó a cantar, diciendo: «Del casto lecho de la aurora salió mi Amado en este mundo; quien en ella juzga mancha, en el sol discurre tinieblas».

274

Dijeron al amigo que si en la corrupción, que es contraria al ser, en cuanto es contra generación, que es contraria al no ser, se hallasen eternamente corruptor y corrompido, sería imposible que la generación concordase con el ser, y que fuese primera; y por estas palabras vio el amigo en su Amado generación eterna.

275

Al amigo preguntaron cuáles eran los parientes de su Amado y respondió con este enigma: «Mi Amado es un sol que nació sin Madre y una luna que nació sin Padre. Padre tiene sin Madre, y Madre sin Padre».

276

Si fuese falsedad aquello por lo cual el amigo puede amar más a su Amado, sería verdad aquello por lo cual el amigo no puede amar tanto a su Amado; y si esto fuese así, se seguiría defecto de mayoridad y de verdad en el Amado y habría en Él concordancia de falsedad y minoridad.

277

Alababa el amigo a su Amado, diciendo que si el Amado tiene mayor posibilidad en perfección y mayor imposibilidad en imperfección, conviene que el Amado sea simple y pura actualidad en esencia y operación. Mientras que el amigo de esta suerte alababa a su Amado, le era revelada la Santísima Trinidad de su Amado.

278

El amigo veía mayor concordancia en el número 1 y 3 que en otros números; y esto, porque toda forma corporal pasaba del no ser al ser por los sobredichos números; y por esto el amigo miraba a la Unidad trina y a la Trinidad una de su Amado, por la mayor concordancia del sobredicho número.

279

El amigo alababa el poder y la sabiduría y la voluntad de su Amado, que todo lo había creado, menos la culpa, la cual no sería sin el poder y la sabiduría de su Amado; mas ni su poder, ni su sabiduría, ni su voluntad son ocasión de la culpa.

280

Alababa y amaba el amigo a su Amado, porque le había creado y dado cuanto tenía; le alababa y le amaba porque quiso tomar su semejanza y naturaleza; y de aquí conviene que se haga la pregunta: ¿cuál alabanza y amor debe tener mayor perfección?

281

El amor tentó al amigo de sabiduría y le propuso esta cuestión: «Si el Amado le amaba más por haber tomado su naturaleza o por haberlo creado». El amigo quedó perplejo, hasta que respondió que la creación tiene mira hacia apartar la infelicidad, y la Encarnación a procurar la felicidad.

282

Iba el amigo pidiendo limosna de puerta en puerta, para hacer memoria del amor de su Amado a sus siervos; Y como en un día no le dieron limosna alguna, le preguntaron si le sabía mal. Respondió que no, porque humildad, pobreza y paciencia eran cosas agradables a su Amado.

283

Al amigo pidieron perdón por amor de su Amado, y el amigo no solo les perdonó, antes les dio a sí mismo y sus bienes.

284

Con suspiros refería el amigo la pasión y dolor que su Amado sufrió por su amor, y con tristeza y lágrimas escribía las palabras que decía su Amado muriendo; y pensando en su Resurrección triunfante, se consolaba.

285

El Amado educaba al amigo en amar. El amor le enseñaba a tener paciencia; la misericordia, a esperar; la justicia, a temer; y la fe, a creer. Y, siendo ya de mayor edad, todas le instruían y enseñaban a amar.

286

Preguntó el Amado a las gentes si habían visto a su amigo y ellos preguntáronle por las calidades de su amigo. Respondióle el Amado diciendo que su amigo era osado y temeroso, rico y pobre, alegre y triste, tranquilo y pensativo. Y añadió que de continuo enfermaba de amor.

287

Preguntaron al amigo si quería vender su deseo y él respondió que ya lo tenía vendido a su Amado por una moneda cuyo valor basta para comprar el mundo todo.

288

Preguntó el amigo si habían visto a su Amado, y le dijeron: «¿Cómo es tu Amado?». Y respondió el amigo: «Mi Amado es sin cualidad, porque es bueno y bondad, bello y belleza». «¿Cuánto es tu Amado?». Respondió: «Grande y chico, alto y bajo, simple y compuesto, y por esto Él es todo sin composición uno».

289

Con alta voz decía el amigo: «Mi Amado es la luz inmensa y bajo su sombra es donde vivimos; es inaccesible y a Él se acercan los humildes; y es incomprensible y le alcanzan los simples. Comprad, pues, humildad, y aprended simplicidad, para que de las tinieblas paséis a la luz infinita».

Edificaba el amigo una hermosa ciudad para que la habitase su Amado: los muros eran de fortaleza; los cimientos, de humildad; la mesa, de templanza; la cama, de castidad; las torres, de magnificencia; las puertas, de fe, esperanza y caridad; las calles, de piedad; los centinelas, de justicia; el idioma que en ella hablaban todos era de amor, para que todas estas cosas pasase el Amado.

291

El amigo bebía amor en la fuente del Amado y se embriagó de amor. Preguntó la causa a otro amigo y este le respondió que aquella es la fuente en donde nos lava el Amado de las manchas de la culpa.

292

«Dime, embriagado de amor, ¿qué cosa es pecado?». Respondió: «Es desorden contra ordenación de mi Amado; es desviarse de mi Amado; es por defecto de ordenación; es privación del bien, y es contra el fin por el cual fue creado todo el mundo».

293

Preguntaron al amigo si el pecado era algo. Respondió: «No sé qué cosa alguna tenga ser, sino la criatura y el Amado; si el Amado, pues, no creó el pecado, ¿cómo puede el pecado tener ser? Mas así como la ceguedad priva de la vista, así el pecado hace perder a muchos la bienaventuranza».

294

Veía el amigo que la eternidad se conviene mejor con su Amado, que es esencia infinita en grandeza y en toda perfección, que no con el mundo, que tiene cuantidad, entidad y acción finita y terminada. Y por esto en la justicia de su Amado veía el amigo que el mundo era nuevo y que la eternidad de su Amado conviene ser antes del tiempo y de la cantidad finita, para que se conociese su inmensidad ser mayor que la capacidad del mundo.

295

Defendía el amigo a su Amado contra los que decían que el mundo era eterno, y dijo que la justicia de su Amado, que es infinita en bondad y perfección, conviene que restituya a cada alma racional su propio cuerpo, a quien no bastaría materia ni lugar ordinal, si el mundo fuera eterno, ni el mundo fuera ordenado a un fin solo, sin el cual faltaría a su Amado perfección de voluntad y sabiduría.

«Di, loco: ¿en qué conoces que la Fe católica sea verdadera y que la creencia de los judíos y moros sea falsa y errónea?». Respondió que en las diez condiciones del Libro del gentil y de los tres sabios.

«Di, loco: ¿en qué tiene principio la sabiduría?». Respondió: «En fe y devoción, que son la escalera por donde sube el entendimiento a entender los secretos de mi Amado». Le preguntaron: «Fe y devoción, ¿en dónde tienen principios?». Respondió: «En mi Amado, quien ilumina la fe y alienta la devoción».

Preguntaron al amigo qué cosa era mayor, o posibilidad o imposibilidad. Respondió que en su Amado la imposibilidad era mayor y, en la criatura la posibilidad; pues posibilidad y potencia concuerdan, como también imposibilidad con actualidad.

«Di, loco: ¿qué cosa es mayor, la diferencia o la concordancia?». Respondió que menos en su Amado, la diferencia era mayor en pluralidad y la concordancia en unidad; mas en su Amado eran iguales en pluralidad y unidad.

300

«Dime, amigo: ¿qué cosa es valor?». Respondió: «Lo contrario al valor de este mundo, que es apetecido de los amigos falsos y vanagloriosos que quieren valor, teniendo desvalor, para ser perseguidores de valor, más que para seguir a aquel que a todo otro valor excede».

301

«Loco de amor, ¿sabes qué es vileza?». Respondió: «Pensamientos viles». «¿Y sabes qué es cortesía y urbanidad?». Dijo: «Temor de mi Amado, procediendo de caridad y vergüenza que teme el mal hablar de las gentes». «¿Y qué es honor?». Respondió: «Pensar en mi Amado y desear y alabar sus honores».

302

Entró un día el amigo en un claustro de religiosos y preguntáronle si era religioso. Respondió: «Sí, religioso soy de mi Amado». «¿Qué regla sigues?». Respondió: «La de mi Amado». «¿A quién votaste?». Dijo: «A mi Amado». «¿Tienes voluntad?». Respondió: «No; mi Amado la tiene». «¿Añadiste algo a la regla de tu Amado?». Respondió que lo perfecto no admite adición. «Mas, ¿por qué vosotros —dijo el amigo—, siendo religiosos, no os llamáis con el nombre de mi Amado? No sea que teniendo el nombre de otro disminuyáis el amor y oyendo la voz de otro no entendáis al Amado».

303

«Loco, ¿qué cosa es amor?». Respondió que amor es aquella cosa que pone en servidumbre a los libres y da libertad a los siervos; y de aquí se origina la cuestión sobre si el amor es más cercano a servidumbre o a libertad.

304

Llamaba el Amado a su amigo, quien le respondió con estas dulces palabras: «¿Qué es lo que te place, Amado mío, ojo de mis ojos y pensamiento de mis pensamientos, cumplimiento de mis perfecciones, amor de mis amores y, aún más, principio de mis principios?».

305

El amigo decía al Amado: «A Ti voy, por Ti voy y en Ti voy. ¿Por qué me llamas? A contemplar voy la contemplación de tu contemplación, con la contemplación de tu contemplación. En tu virtud soy, y con tu virtud vengo a tu virtud, de donde tomo virtud. Salúdote con salutación, que es mi salvación en tu salutación, de la cual aguardo salvación y eterna bendición».

306

Decía con altas voces el amigo: «El fuego calienta, el calor alegra, su ligereza atrae hacia arriba. Así, por semejante modo, el amor abrasa al pensamiento, el amor alegra y el amor prontamente eleva a lo superior. Un amor une tres cosas y las ata fuertemente entre sí».

307

Preguntaron al amigo qué cosa era el mundo. Respondió: «Es libro para los que saben leer, en el cual es conocido mi Amado». Le preguntaron si su Amado era el mundo. Respondió: «Sí, como el escritor en el libro». «¿En quién está este libro?». Respondió: «En mi Amado, pues que todo lo contiene mi Amado, por cuya causa el mundo está en mi Amado y no mi Amado en el mundo».

308

«Amigo —dijeron algunos—, ¿cuál amigo te parece que sea loco?». Respondió el amigo: «Aquel que ama la sombra sin cuidar de la verdad». «¿Y cuál piensas que sea rico?». «El que ama la verdad». «¿Y quién pobre?». Dijo: «El que ama la falsedad». Le preguntaron si el mundo era amable. «Sí —dijo—, así como la obra, a causa del artífice, y como la noche, por razón del día, que la sigue».

309

Otros amigos preguntaron al amigo si entre él y el Amado había alguna proporción. «Preguntadlo —dijo— al ciclo más encumbrado, cuyo movimiento es finito, y el vigor de mi Amado es infinito y eterno. Mas si la naturaleza aparta de ellos la proporción, la voluntad los iguala y los hace convenir por proporción, por razón; cuanta es la voluntad de mi Amado en mover, tanta es la velocidad del movimiento del primer cielo».

310

Se quejaba el amigo a su Señor de su Amado, y a su Amado de su Señor; y su Señor y su Amado decían: «¿Quién nos divide a nosotros, que somos una cosa misma?». Respondía el amigo: «La piedad del Señor y la tribulación que viene por el Amado».

311

Peligraba el amigo en el gran mar de amor y se confiaba en la ayuda de su Amado, quien le dijo: «El lago de amor es muy al contrario de los otros lagos, porque en aquel se salva quien se zambulle en lo más profundo y quien no se anega, y sale fuera, este se pierde, lo que muy al revés acontece en los demás lagos; y por esto el amigo deja de temer».

312

Se alegraba el amigo por el Ser de su Amado, pues que por su Ser todo otro ser ha venido en ser y es sustentado, obligado y sujetado a honrar y servir al Ser de su Amado, quien por ningún otro ser puede ser destruido ni culpado, disminuido y aumentado.

313

«¿Qué otra cosa es el Ser de tu Amado?». Respondió: «Es rayo, y radiante en todas cosas, como el sol en todo el mundo, el cual, si retira su resplandor, deja todas las cosas en tinieblas y, difundiéndose, es día de todas ellas; y aún más es el Ser de mi Amado, fundamento en cuya similitud es conservado el orbe todo».

314

Le preguntaron: «¿Qué cosa es la unidad de tu Amado?». Respondió: «Es lo que une a tres en eternidad sin distinción de naturaleza o de sustancia, y ata y une tres cosas temporalmente. Y si cosa hay en parte alguna que perfecta sea, en ella son tres unidos por unidad».

315

«Loco de amor, ¿cuán grande es la voluntad de tu Amado?». «Tanta es —respondió—, que cualquier otro bien en comparación suya es nada, o un punto solo, y todo lo cuanto es no cuanto, lo cual, siendo, sin división, tres, tiene en las cosas vestigio dividido en tres, esto es, útil, honesto y deleitable».

316

«Poder de mi Amado —decía el amigo—, quien te quiere medir, intenta con la nada contar el número; mas Tú mides la nada, cuanto de la nada haces algo. Como, pues, Tú solo puedes esto, está claro que Tú solo justificas al impío».

317

Puesto en angustia el amigo, reclamó la verdad de su Amado y dijo: «¡Oh, verdad amada, visita la contrición de mi corazón y da lágrimas a mis ojos, pues te ama mi voluntad; y por cuanto tú, verdad, eres suprema, y la culpa es falsedad, socorre mi voluntad, con que venza los pecados que son contrarios a la verdad!».

318

Miraba el amigo el arcoiris, y le pareció que tenía tres colores, y dijo: «Admirable distinción de tres, y son los tres del todo una cosa misma». Y dijo: «¿Cómo esto aparece en la imagen, si no subsiste en la verdad?».

319

El Amado creó y el amigo destruyó. Juzgó el Amado y lloró el amigo. Recreó el Amado y se consoló el amigo. Acabó el Amado su obra y se quedó el amigo eternamente en compañía de su Amado.

320

Por las sendas de vegetación, sentido, imaginación, entendimiento y voluntad iba el amigo buscando a su Amado. En estas sendas padecía el amigo peligros, enfermedades, trabajos y muchas dificultades para que exaltase su entendimiento y su voluntad, lo que le era muy gustoso, porque su Amado quiere que sus amigos le entiendan y amen altamente.

321

Se mueve el amigo hacia el ser, por la perfección de su Amado, y se mueve hacia el no ser por su propio defecto; y de aquí nace la cuestión: ¿cuál de los dos movimientos tiene mayor poder en el amigo naturalmente?

322

«Metido me has, Amado mío, entre mi mal y tu bien; y por esto te ruego que de tu parte haya piedad, misericordia, paciencia, clemencia, venia, ayuda y restauración; y de mi parte haya contrición, perseverancia y reminiscencia con suspiros, langores y llantos por tu sacrosanta Pasión».

323

«Amado que me haces amar, si no me ayudas, ¿por qué me quisiste crear y por qué quisiste padecer por mí tantas tristezas y tanta amarga pasión? Ya que tanto ayudaste a exaltarme, ayúdame a descender, para recordar y aborrecer mis culpas y mis defectos, para que mejor pueda yo subir mis pensamientos a desear, honrar y alabar tus valores.

324

«Amado mío, creaste libre mi amor, para que pudiese amar y despreciar tus honores y para que pueda aumentar en él tu amor. En esta libertad, pusiste mi voluntad en peligro; por lo cual te ruego que en este peligro te acuerdes de mí, para que mi libre voluntad ponga yo en servidumbre para alabar tus honores y multiplicar en mi corazón llantos y melancolías».

325

«Amado mío, jamás de Ti vino a tu amigo culpa ni defecto, ni puede en tu amigo haber cumplimiento sin tu gracia y tu perdón. Puesto, pues, que tu amigo tiene de Ti un tal posesorio, no le olvides en sus tribulaciones y peligros».

326

«Amado mío, que en un hombre solo que es Jesucristo, eres nombrado Dios y hombre; en este nombre Jesucristo quiere mi voluntad alabarte Dios y Hombre. Si Tú, pues, Amado mío, tanto honraste a tu amigo sin mérito suyo, en nombrar y querer a tu santo nombre de Jesucristo, ¿por qué no quieres honrar a tantos hombres ignorantes quienes a sabiendas no han sido tan culpables para con tu santo nombre, Jesucristo, como yo en algún tiempo lo fui en poco temer, amar y honrar a tu nombre santo y saludable?».

327

Lloraba el amigo y decía a su Amado estas palabras: «Amado mío, jamás fuiste avariento, ni dejaste de ser generoso respecto de tu amigo en darle ser, ni en recrearle, ni en darle muchas criaturas que le sirvieran. ¿De dónde, pues, vendría que Tú, que eres generosidad soberana fueses avaro en dar a tu amigo llantos, pensamientos, tristezas, sabiduría y amores para honrar tus honores? Y por esto, Amado mío, te ruega tu amigo que le concedas larga vida para poder recibir de Ti muchos de los dones sobredichos».

328

Olió el amigo flores, y se acordó de la hediondez del rico avariento, del viejo lujurioso y del soberbio desagradecido. Gustó dulces el amigo y entendió por ellos las amarguras de los bienes temporales y de la entrada y salida de este mundo. Sintió el amigo placeres mundanos y en ellos entendió el breve tránsito de este mundo y los eternos tormentos de que son ocasión los deleites agradables de este mundo; y por esto el amigo despreció luego todos los deleites vanos.

329

En un día solemne entró el amigo en una iglesia, y consideró el honor que allí se daba a su Amado, y vio que le hacían deshonor; y por esto con alta voz dijo a toda aquella multitud de gente: «¡Oh, insensatos! No toquéis con irreverencia los altares, pues que son el lecho del Rey eterno. No entréis en lugar sagrado, porque es su tálamo»; y corrigió a los centinelas porque con tanta negligencia celaban y cuidaban el honor de su Amado.

330

«Dime, amigo, ¿qué cosa es amor?». Respondió: «Muerte de quien vive y vida de quien muere; es alegría en el día y tristeza en la muerte; es deleite y consuelo en la patria y tristeza y melancolía en la peregrinación; es ausencia suspirada y presencia alegre sin fin».

331

Le preguntaron si se paseaba de día o de noche. Respondió: «Mi amor me es dulzura amarga y amargura dulce, y mis lágrimas dan testimonio de que todavía no me nació el día: mas mi amor me conduce a la patria en donde no puede haber noche».

Entre trabajos y placeres estaba el lecho del amigo; con placeres se dormía y con trabajos se despertaba; y fue cuestión: ¿a cuál de estas dos cosas está más vecino el lecho del amigo?

El amigo se dormía con ira, porque temía las maldiciones y desprecios de las gentes, y despertóse con paciencia, acordándose de los malos tratamientos del cuerpo de su Amado; y por esto preguntaron al amigo de quién había tenido mayor empacho, si de su Amado o de las gentes.

Pensaba el amigo en la muerte, y temió mucho, hasta que se acordó de la noble ciudad de su Amado, de la cual son puerta y entrada la muerte y el amor.

Sobre la simplicidad disputaban dos entre sí. El uno decía: «Simple es el que no sabe nada». El otro decía: «Simple es quien vive sin pecado». Sobrevino el amigo, y dijo: «La verdadera simplicidad es la que encomienda con confianza a mi Amado todos sus hechos. Simplicidad es magnificar la fe sobre el saber en lo que la excede y evitar en toda forma las cosas vanas, superfluas, curiosas y nimiamente sutiles y presuntuosas en todo lo que es de mi Amado, porque aquellas son contrarias a la simplicidad».

336

Otra vez le preguntaron si es grande la ciencia de los simples. Respondió: «La sabiduría en los sabiondos es gran montón y poco grano; mas la de los simples es montón chico, pero de innumerables granos, porque, ni presunción, ni curiosidad ni demasiada sutileza abultan el montón de los simples». «Pues, ¿qué hacen la presunción y la curiosidad?». Respondió el amigo: «La vanidad es madre de la curiosidad y la soberbia, de la presunción; y por esto hacen lo mismo que hacen la vanidad y la soberbia; y por la curiosidad y presunción se encuentran los enemigos de mi Amado, así como por la simplicidad se adquieren sus amores».

337

Se quejaba el amigo con su Amado de las tentaciones, que cada día le venían, disturbándole sus pensamientos, y le respondió el Amado que las tentaciones son ocasión de que el hombre recurra con su memoria a acordarse de Dios y a amarle y a honrar sus honores con los dones gratuitos que Él da.

338

Perdió el amigo una joya que amaba mucho, y con mucha impaciencia sufrió aquella pérdida, hasta que el Amado le propuso esta cuestión: «Qué cosa le era más provechosa, la joya que antes tenía o la paciencia que tuvo en las obras de su Amado».

339

Caminaba el amigo y decía: «El primer cuerpo de nadie es contenido, y lo contiene todo; y el primer movimiento no es contenido, más él contiene todos los otros movimientos. ¿Quién, pues, no sabe que mi Amado, que totalmente es primero que todo, todo lo contiene, y de nadie es contenido?».

340

En presencia del amigo hablaban mal un día de su Amado. Lo oyó el amigo y ni le respondió ni le defendió y de aquí nació la cuestión: ¿quién es más culpable, el que dijo blasfemias del Amado o el amigo silencioso que no le defendía?

341

Acordóse el amigo de sus pecados y, por temor del infierno, quiso llorar y no pudo. Pidió lágrimas al amor y la sabiduría le respondió que más frecuente y fuertemente llorase por amor a su Amado que por temor de las penas del infierno, puesto que le agradan más los llantos que son por amor que las lágrimas que se derraman por temor.

342

Obedeció el amigo a la sabiduría y con un ojo lloró muchas y abundantes lágrimas por amor y, con el otro, pocas y chicas por temor, para hacer mayor honra a su Amado por amor que por temor. Y las lágrimas por amor le servían de consuelo y descanso, mas las lágrimas por temor le daban pena y tribulación.

343

Contemplando el amigo a su Amado se sutilizaba en su entendimiento y se enamoraba de Él en su voluntad, y es cuestión por cuál de estas dos cosas se sutilizaba y fecundaba más su memoria en recordar a su Amado.

344

Con fervor y temor iba el amigo en su viaje a honrar a su Amado. Fervor le llevaba y temor le conservaba. Mientras que así iba el amigo, encontró a los suspiros y a los llantos, que le llevaban recomendaciones de su Amado, y le plantearon la cuestión: «¿Por cuál de los cuatro recibía mayor consuelo en su Amado?». Respondió el amigo que llantos y lágrimas eran hervor de fervor, y el fervor, fuego, y el temor guardia.

345

Preguntaron al amigo de qué manera se dirige el corazón del hombre a amar a su Amado. Respondió que de la misma forma en la que el girasol se vuelve hacia el sol. «¿Cómo es, pues, que todos no aman a tu Amado?». Respondió que a los que no le aman les es noche el pecado.

346

Teología, Filosofía, Medicina y Derecho encontraron al amigo, quien les preguntó si habían visto a su Amado. Teología lloraba, Filosofía dudaba, Medicina y Derecho se alegraban. Es la cuestión: ¿qué indicaba con esto cada una de las cuatro señoras al amigo, que iba en busca de su Amado?

347

Encontró el amigo a un astrólogo adivino y le preguntó qué cosa era su astrología. El dijo que era ciencia para saber lo venidero. «Te engañas — le dijo el amigo—, no es ciencia, sino un engaño de ciencia y velo de nigromancia y ciencia de fingidos y mentirosos profetas, que infaman la obra del Soberano Maestro, nuncio en todo tiempo de malas nuevas; la cual reprueba y extirpa la providencia de mi Amado, que promete dar bien en lugar del mal que ella amenaza.

348

Con altas voces iba el amigo diciendo: «¡Oh, qué vanos son muchos hombres en el mundo, que siguen curiosidades y aman presunción! Pues por la curiosidad caen en la mayor de todas las impiedades, esto es, abusan de los hombres de Dios e invocan con encantos los espíritus malos, como si fuesen ángeles buenos, y les atribuyen los nombres de Dios y de los ángeles buenos y profanan malamente las cosas santas con caracteres, figuras e imágenes; y por la presunción se han sembrado en el mundo cuantos errores hay». Con vivas lágrimas lloró el amigo tantas injurias que en contra de su Amado cometen muchos hombres ignorantes.

349

«Di, loco: ¿cuál es el amor más grande y más verdadero que hay en la criatura?». Respondió que aquel que es uno con el Creador, puesto que el Creador no tiene en qué pueda hacer más noble criatura.

350

El amigo se figuraba con la imaginación y formaba las perfecciones de su Amado en las cosas corpóreas, las que por virtud del entendimiento sutilizaba en las cosas espirituales, y con la voluntad adoraba a su Amado en todas las criaturas.

351

Oía el amigo murmurar e infamar a su Amado, en la cual murmuración veía su entendimiento la justicia y la paciencia de su Amado, porque la justicia castigaba a los murmuradores y la paciencia los aguardaba a contrición y penitencia, y dijo: «Muy clemente y piadoso es el Amado, que tiene prevenidos eternos bienes para darlos hasta a sus enemigos, si ellos quisieren».

352

Un día estaba el amigo mirando al oriente y al poniente, al norte y al mediodía, y conoció la señal de su Amado. La hizo esculpir, y en cada una de las cuatro extremidades hizo colocar una piedra preciosa refulgentísima como un sol; y llevábala de continuo sobre sí, y esta señal le hacía memoria de la verdad.

353

Visitaba varios lugares el amigo y encontró a muchos que estaban alegres, riendo y viviendo con gran gozo y divertimiento. Surgió la cuestión de si en este mundo hay más para reír que para llorar. Vinieron las virtudes para ser jueces y aclarar la duda. Dijo la Fe: «Más hay para llorar, porque son más los infieles que los fieles». La Esperanza dijo: «Más hay para llorar, porque pocos son los que esperan en Dios y muchos los que confían en los bienes del mundo». La Caridad dijo: «Más hay para llorar, porque tan pocos son los que aman a Dios y al prójimo». Todas las demás virtudes fueron del mismo voto y parecer.

354

Enfermó el amigo y, por consejo de su Amado, dispuso su testamento; sus culpas y pecados mandó a contrición y penitencia; los deleites temporales, al desprecio; los llantos y lágrimas, a los ojos; los suspiros y amores, a su corazón; la contemplación de las perfecciones de su Amado, al entendimiento; a su memoria mandó la pasión que por amor padeció su Amado y, a su trabajo la solicitud de la conversión de los infieles, los cuales, por ignorancia, pecan.

355

Pensando en la muerte, el amigo dijo: «¡Oh, Reina del Cielo!, estando yo para morir, extended y mostrad vuestro regazo, en el que estuvo reclinado mi dulcísimo Amado, y no temeré a daño alguno de cuantos me podrían causar los enemigos».

356

Cuanto más ásperos y estrechos son los caminos por los que va el amigo hacia su Amado, tanto más anchos y deliciosos son los amores. Y cuanto más ásperos son los amores, tanto más anchos son los caminos. De donde se sigue que de cualquier suerte el amigo tiene trabajos, penas, gozos y consuelos por su Amado.

357

Se reunieron muchos amigos y preguntaron a un mensajero de amor en dónde y en quién estaba el corazón más inflamado en devoción y amor. Respondió: «En el templo de mi Amado, humillándose a Él con todas las fuerzas y adorando al Amado, porque

Él es un solo santo de los santos, por lo cual los que esto no saben hacer, no saben legítimamente amar».

358

Los amigos experimentaron el nuncio de amor, diciéndole que anduviese por el mundo pregonando que los amigos adorasen a los siervos como a siervos, y al Señor como a Señor, para que mejor puedan ser oídos sus ruegos, y porque no hay necesidad de amar a otro más que al Amado, ni de confiar en otro más que en Él.

359

«Di, amigo: ¿qué son tus tribulaciones, llantos, suspiros, tristezas, trabajos y peligros por tu Amado?». Respondió: «Delectación del Amado». Le preguntaron: «¿Y por qué son delectación del Amado?». Respondió: «Porque son por lo que el Amado es más amado y por lo que el amigo encuentra mayor retribución».

360

Preguntaron al mensajero de amor que de dónde habían acudido al Amado tantos siervos inútiles, que son más viles y más despreciables que los hombres seglares. Respondió que esto era por culpa de aquellos que deben proveer de servidores al Soberano Amado, que es Rey de Reyes, y deben examinarlos, y no informan como debieran de la ciencia, vida y costumbres que tienen; y los que ellos no quisieran para su caballeriza, permiten que sirvan al Rey eterno en su palacio y en el purísimo ministerio de su mesa. Por lo que debieran temer la dura retribución del Amado cuando los llamara a cuentas.

361

Compró el amigo un día de llantos por otro día de pensamientos, y vendió un día de amores por el precio de un día de tribulaciones, y entonces le fueron multiplicados sus temores y pensamientos.

362

Hallábase el amigo en tierras extrañas, olvidándose de su Amado, y sintió la ausencia de su casa, de su mujer, de sus hijos y de sus vecinos. Pero volvió a acordarse de su Amado para consolarse y para que la nostalgia no le diese pena por el deseo y amor.

363

El amigo debía recorrer un camino largo, difícil y escabroso, y había llegado el tiempo de partir y de llevar sobre sí la carga gravísima que mandó el amor que traigan sus amores y por esto el amigo descargó su alma de los pensamientos y de los deleites corporales, para su cuerpo pudiese más fácilmente llevar la carga que le mandaba el amor y que el alma por aquellas sendas anduviese, siempre en compañía de su Amado.

364

Preguntaron al amigo en quién había mayor amor: en el amigo que vivía por amor o en el amigo que moría por amor. Dijo que en el que moría porque no puede ser mayor el amor en el amigo que muere por amor y puede ser mayor en el que por amor vive.

365

Al amigo fue propuesta esta cuestión: «¿En dónde muere el amor?». Respondió: «En los temporales deleites de este mundo». «¿En dónde vive y se cría?». «En los pensamientos del otro mundo». De aquí sucedió que los que le preguntaron resolvieron huirse de este mundo para encontrar muchos pensamientos del otro mundo, en el que viviese amor y, viviendo, se alimentase.

«Di, loco de amor: ¿qué cosa es este mundo?». Respondió: «Cárcel de los amigos y siervos de mi Amado». «¿Y quién los mete en la cárcel?». Respondió que por una parte la conciencia, el amor, el temor, la renunciación y la contrición y, por otra parte, la compañía de gente vil y los trabajos sin galardón, en donde hay castigo. «¿Quién les da la libertad?». «La misericordia, la piedad y la justicia». «¿En dónde los colocan?». «En la eterna gloria, en donde hay alegre compañía de los verdaderos amigos, alabando debidamente sin fin, bendiciendo y glorificando al Amado de los amigos, a quien sea siempre dada alabanza, honra y gloria por todo el mundo».